SCIENCE ET RELIGION
Études pour le temps présent

ORGANISATION RELIGIEUSE

DE

LA HONGRIE

PAR

ÉMILE HORN

PARIS

LIBRAIRIE BLOUD & Cⁱᵉ

4, RUE MADAME, 4

ORGANISATION RELIGIEUSE

DE

LA HONGRIE

PAR

EMILE HORN

PARIS

LIBRAIRIE BLOUD & Cie

4, RUE MADAME, 4.

Reproduction et Traduction interdites.

DANS LA MÊME COLLECTION

HISTOIRE

Lois politiques et religieuses.

Pendant la première moitié du siècle passé, quelques Diètes furent tenues ; à celle de 1825, le jeune comte Etienne Szechényi tint un discours en langue magyare ; son intervention dans la vie politique marqua le réveil de l'esprit national ; il alla progressant malgré les obstacles qu'il rencontra.

L'Assemblée de 1847 s'ouvrit sur la triste nouvelle de la mort du palatin Joseph ; son fils Etienne, élu pour lui succéder, hésita au moment décisif, alors qu'il eût peut-être pu changer les destinées de la Hongrie.

Le parti conservateur et le parti libéral allaient entrer en lutte, quand la Révolution, survenue en France, donna à tous les esprits une autre direction, et le Parlement admit, en principe, quelques réformes importantes : accession de tous aux emplois publics, répartition plus équitable de l'impôt, ministère indépendant responsable, suppression de certaines lois successorales, etc.

La révolution qui eut lieu à Vienne, le 13 mars 1848, amena la chute de Metternich, et ainsi était écarté le plus grand obstacle à la liberté en Hongrie. Le 15 mars 1848, la population de Pest, entraînée par les étudiants, réclamait la liberté de la presse (1), et bientôt les Hon-

---

(1) La liberté de la presse fut accueillie avec gratitude par le clergé hongrois ; le peuple s'était réuni dans les églises pour assister à des offices de reconnaissance, les meilleurs prédicateurs lui expliquèrent la signification de la victoire remportée au sujet de la liberté de la presse et des autres libertés.

grois obtenaient de Ferdinand V la nomination d'un ministère hongrois responsable; c'était le premier ministère magyar, le président était le comte Louis Batthyány, et le ministre des Cultes et de l'Instruction publique, le baron Joseph Eötvös.

Sans tarder, Louis Kossuth, l'orateur le plus éloquent de son parti, présenta un projet sur la question religieuse, l'égalité des religions devait être admise, toutes les dépenses des religions *reconnues* et des écoles devaient être couvertes par l'Etat; les enfants, sans distinction de religion, pouvaient fréquenter les écoles confessionnelles; d'autres projets furent encore élaborés, mais les événements qui se préparaient en rendirent la réalisation impossible.

Ferdinand V avait abdiqué et François-Joseph était monté sur le trône. Il eût été facile, en reconnaissant les droits séculaires de la Hongrie, d'endiguer le courant libéral et de faire commencer une ère nouvelle pour la Hongrie indépendante. Ce fut le contraire qui arriva, la nation dut défendre son indépendance, elle le fit avec un noble désintéressement.

Le clergé répondit à l'appel de la patrie, la croix et l'épée en mains, il prit rang dans l'armée nationale; les séminaristes, les religieux se précipitèrent sur les champs de bataille, ceux qui ne pouvaient pas se battre encourageaient les combattants et les aidaient en sacrifiant leur temps, leurs forces et leurs biens.

Après le désastre de Világos, ils eurent à expier leur noble conduite; le jour même où le comte Batthyány était exécuté à Pest, treize généraux périssaient à Arad, tandis qu'à Presbourg, à Fehérvár, partout les patriotes remplissaient les prisons; l'évêque de Beszterczebánya, Rudnyánszky, passait huit années dans les cachots des forteresses autrichiennes, l'évêque de Nagy-Várad, Ladislas Bémer, y restait vingt années, de même, le vicaire de l'évêque de Csanád, Joseph Róka; l'archevêque d'Eger, Joseph Lonovics et Vincent Jekelfalussy, évêque de Szepes, furent destitués de leur dignité épiscopale et enfermés dans un couvent. Le primat, Jean Ham, fut obligé de donner sa démission parce qu'il ne voulut pas servir la réaction.

De nombreux prêtres furent mis en prison, notamment le poète Grégoire Czuczor, l'écrivain Demetrius Laky, etc., etc.

Le pays « fut déchu de son droit à la Constitution », l'absolutisme régna en Hongrie pendant une période que l'on a stigmatisée du nom de « régime de Bach ».

En 1855, un Concordat fut conclu avec Rome, il réglait les rapports entre l'Eglise et l'Etat. Il autorisait les rapports directs entre le clergé hongrois et le Saint-Siège, le rétablissement des Ordres religieux, la suppression du *placet ;* on reconnut que le *fonds de religion* revenait à l'Eglise.

Les efforts de l'Autriche tendaient à placer le clergé hongrois sous la dépendance de l'archevêque de Vienne ; le primat Scitovszky et l'assemblée des évêques protestèrent et s'adressèrent à Rome qui leur donna raison. En défendant son autonomie, le clergé hongrois avait défendu, en même temps, celle des protestants.

Les esprits conservateurs souhaitaient un rapprochement avec le roi, il eût mis fin au régime absolutiste, désastreux à tous les points de vue pour l'intérêt du pays. Aussi quand François-Joseph, accompagné de la reine Elisabeth fit, en 1857, un voyage en Hongrie, le primat voulut-il lui présenter une députation fort nombreuse qui demanderait le rétablissement d'un palatin. Le gouvernement s'opposa à cette manifestation. Le primat Scitovszky se dédommagea, en conduisant à Maria-Zell un innombrable pèlerinage hongrois, que le gouvernement autrichien regarda comme une manifestation nationale, mais qu'il ne put empêcher.

Entre temps, le clergé n'était pas resté inactif, plusieurs synodes avaient été tenus, ils s'occupaient de l'instruction du peuple, des séminaires, etc., et donnèrent une impulsion à la vie spirituelle. Les évêques se préoccupèrent de l'enseignement des jeunes filles et appelèrent en Hongrie, 1857, les religieuses de Saint-Vincent de Paul et de Notre-Dame.

En 1860, le primat se rendit à Vienne pour exposer le désir des assemblées de Comitat, demandant à François-Joseph de convoquer une Diète en Hongrie ; sa démarche n'eut d'autre résultat que la défense de tenir des assemblées de Comitat.

Tandis que sévissait l'absolutisme, le pays veillait et des projets de Constitution étaient élaborés. La guerre d'Italie, puis la guerre d'Allemagne obligèrent l'Autriche à changer d'attitude ; après Sadowa, elle comprit qu'il fallait traiter avec la Hongrie. François Déak avait préparé les voies et le *Compromis* fut signé. Par la loi XII, de 1867, la Constitution magyare était rétablie en fait. Le roi se fit couronner à Buda et une ère nouvelle s'ouvrit pour la Hongrie. Le primat, cardinal Scitovszky n'eut pas le bonheur de voir la paix rétablie, il était mort en octobre 1866.

Ce fut l'évêque de Györ, Jean Simor, qui lui succéda.

Un ministère avait été formé dont le ministre des Cultes et de l'Instruction publique fut J. Eötvös, orateur et écrivain politique de haute valeur.

En 1870, une partie de l'épiscopat hongrois jugeait inopportun le moment de la proclamation du dogme de l'Infaillibilité, néanmoins après la décision du Concile du Vatican, dont l'archevêque de Kalocsa, Louis Haynald fut l'un des plus savants et des plus brillants orateurs, l'Assemblée des évêques magyars proclama, avec unanimité, le dogme nouveau.

* *

Des réformes, depuis longtemps attendues, furent alors réalisées. La liberté de changer de confession fut accordée à tout citoyen, à partir de l'âge de 18 ans,

après l'accomplissement de certaines formalités. La
« réception » d'un converti dans une nouvelle religion
devait être officiellement signalée au représentant de
la religion qu'il venait de quitter.

Les mariages mixtes purent être conclus légitime-
ment devant le représentant de la religion d'une des
deux parties contractantes. Les enfants, issus de ces
mariages, devaient suivre la religion, les fils, du père,
les filles, de la mère.

Les procès matrimoniaux furent alors jugés par deux
instances différentes et naturellement opposées, la cour
de Rome pour les catholiques, les tribunaux hongrois
pour les protestants. Par cette loi, dans un mariage
entre catholiques, il était possible, a une des parties, en
quittant sa religion pour en adopter une autre, de se
remarier et ainsi était rompue l'indissolubilité du mariage catholique.

Prêtres aussi bien que pasteurs inscrivaient sur la
simple demande des parents, des enfants issus de
mariages mixtes et qui auraient dû appartenir à une
autre religion. En 1890, le comte Csáky, ministre des
Cultes et de l'Instruction publique, rendit une ordon-
nance sur ce sujet, la crainte de l'amende n'arrêta
pas les inscriptions irrégulières, aussi le gouvernement
pensa-t-il à créer un registre spécial pour y inscrire les
enfants issus de mariages mixtes. Mais à cette question
s'en joignit une autre que l'on considérait comme fort
importante, celle du mariage civil.

Déjà, en 1882, un projet de loi avait été élaboré sur
les mariages entre chrétiens et israélites ; la Chambre
Haute l'avait repoussé. Kálmán Tisza, alors ministre,
parla du mariage civil obligatoire. Le clergé catholique
avait fait circuler une pétition contre ce projet et après
un entretien du primat avec le roi, le ministre avait
retiré son projet.

Cependant, on reconnaissait qu'il fallait réglementer
les rapports des différentes confessions, mais les catho-

liques ne voulaient pas laisser restreindre les droits de l'Église, et, en 1894, avait lieu à Budapest la première grande *Assemblée* des catholiques que présidèrent les évêques. Le nombre de ses membres s'élevait à quelques milliers, ils prirent d'importantes décisions, mais elles étaient tardives. Trois mois plus tard, le Parlement, par 281 voix contre 106, adoptait la loi relative au mariage civil et la Chambre Haute, malgré l'opposition du clergé et d'une partie de la presse, l'approuvait, le mois suivant, par 21 voix de majorité. Les évêques avaient encore espéré que le roi ne sanctionnerait pas cette loi, mais elle fut promulguée en décembre 1894, en même temps qu'était réglée la question de la religion des enfants et l'introduction des registres de l'état civil.

L'année suivante, la religion israélite était placée au rang des confessions *reconnues* par l'Etat ; un peu plus tard, était reconnu le libre exercice de la religion. Les sectes existant en Hongrie (anabaptistes, naza-réens, etc.,) jouissaient de la tolérance administrative ; par la loi de 1895, elles peuvent, en observant les pres-criptions de la loi et en n'offensant pas la morale, se constituer en confession *reconnue.*

Jusqu'à la promulgation de l'article XLIII de la loi de 1895, chacun devait appartenir à une religion *acceptée* ou *reconnue,* par l'Etat ; aujourd'hui, on peut n'appar-tenir à aucune religion.

De même, jusqu'à cette époque, les ministres des différents cultes tenaient les registres des naissances, mariages et décès.

La religion des enfants est assurée par les lois de 1868 (article LIII) et de 1894 (article XXXII) et les parents n'ont pas le droit d'agir selon leur bon plaisir. Les enfants, dont les parents ont une même religion, doivent être élevés dans cette religion ; ceux dont les parents appartiennent à des religions différentes, mais *acceptées* ou *reconnues* doivent, d'après leur sexe, suivre la religion du père ou de la mère. Les enfants dont les parents n'appartiennent à aucune des religions *acceptées* ou *reconnues* doivent, ainsi le veut la loi, être instruits dans une des religions *acceptées* ou *reconnues*.

Cependant les personnes de religions différentes peuvent, avant de contracter une union, stipuler dans les formes légales (devant le notaire royal, le juge du district, le bourgmestre, etc.) que les enfants à naître seront instruits dans la religion d'un seul des époux. Cette déclaration ne peut être enfreinte qu'au cas où un des conjoints adoptant la religion de l'autre, tous deux désirent que les enfants à naître, ou ceux qui n'ont pas encore atteint l'âge de sept ans, puissent être instruits dans leur religion, les enfants ayant dépassé leur septième année, ne peuvent, dans ce cas, embrasser la religion de leurs parents qu'avec l'autorisation de l'Office des orphelins ou Chambre de curatelle.

Si les parents n'ont pas fait de déclaration préalable, quant à la religion des enfants à naître, ils doivent, si l'un des conjoints vient à adopter la religion de l'autre, demander l'autorisation à l'Office des orphelins pour les enfants âgés de plus de sept ans, sinon les enfants suivraient, d'après leur sexe, la religion du père ou de la mère.

A dix-huit ans accomplis, les jeunes gens et les jeunes filles peuvent se convertir sans autorisation, cependant ils ne peuvent adopter qu'une des religions *acceptées* ou *reconnues*. En se mariant, la jeune fille peut changer de religion avant cet âge.

Depuis que la loi permet de ne plus appartenir à une religion *reconnue*, le nombre des personnes ayant renoncé à la religion à laquelle elles appartenaient jusqu'alors a été en diminuant, tandis qu'en 1896, il était de 3.990, il n'a été en 1903 que de 1.373.

Ainsi, au cours de l'année 1903, la religion qui a

perdu le plus d'adeptes est celle de Calvin : 530 personnes l'ont quittée ; de même, 476 grecs orientaux ont renoncé à leur religion ; 148 luthériens ont fait de même, et 161 catholiques romains ont renoncé à l'Eglise de Rome. Les grecs-unis ont perdu 44 adeptes, 13 israélites ont renoncé à leur religion, de même, un unitaire.

Parmi les personnes ayant quitté leur religion, quelquefois pour des motifs futiles, car on trouve parmi les causes indiquées, des dissentiments avec les membres du clergé, toutes ne voulaient pas vivre sans religion et en ont adopté une autre, elles ont augmenté le nombre des conversions.

Comme les années précédentes, c'est l'Eglise catholique romaine qui a conquis le plus grand nombre de fidèles : en 1903, il s'est élevé à 1.549 ; l'Eglise grecque unie a conquis 285 fidèles et l'unitarisme, 121.

L'augmentation des catholiques romains est due à l'accession des protestants et des israélites ; tandis que celle des catholiques grecs-unis est due à l'accession des grecs orientaux ; les unitaires ont dû leur accroissement aux protestants.

.·.

Les principaux paragraphes de la loi relative au mariage civil obligatoire sont les suivants : on ne peut contracter un mariage légitime que devant les autorités civiles désignées par la loi ; l'Etat possède le droit de juridiction en matière matrimoniale, la juridiction ecclésiastique ayant pris fin par la promulgation de la loi sur le mariage civil ; sauf le cas de mariage *in extremis,* le représentant du culte est obligé, sous peine d'amende, de s'assurer que le mariage civil a été célébré, etc., etc. La loi ne se préoccupe de la religion des conjoints que pour recommander à l'officier de l'état-civil de les avertir que, par le mariage conclu devant lui, ils n'ont pas rempli leur devoir religieux.

Le nombre des mariages mixtes pour la période

quinquennale de 1881 à 1885 était de 11.942 par an ; en 1903, il s'est élevé à 16.416 ; il est monté de 7,26 °/₀ à 10,25 °/₀.

Les mariages, entre conjoints appartenant à une même religion, sont chez les catholiques romains de 97,9 °/₀, chez les grecs-unis de 97,3 °/₀ et chez les grecs orientaux de 86,2 °/₀.

*
* *

Quelques années plus tard, en 1899, une loi était votée que le clergé considéra comme restrictive de ses droits, c'est la loi sur les élections législatives avec les paragraphes dits *de la chaire*.

Le suffrage universel n'existe pas en Hongrie, les députés sont élus par le suffrage restreint, mais les élections législatives n'y sont pas moins un acte de la vie nationale ; les luttes sont ardentes, et la période électorale est une ère de discussions politiques ; on a cherché à réglementer les agissements des comités électoraux pendant cette période que l'on a fixée à trois mois.

Un projet de loi, accepté par la Chambre des députés en 1896, avait été repoussé par la Chambre des magnats à cause des prescriptions relatives aux paragraphes *de la chaire*, restreignant certaines libertés de l'Eglise. Représenté à la Chambre des députés en 1899, sans avoir subi aucune modification, ce projet de loi a été voté pour une durée de huit années.

Avant la discussion à la Chambre Haute, le prince-primat avait convoqué une Assemblée des évêques pour décider de l'attitude que l'épiscopat devrait prendre au cours des débats ; tous les évêques, catholiques romains et catholiques grecs, avaient répondu à son appel ; malgré la profondeur de leurs convictions, ils ont fait preuve de modération ; après avoir cherché à assurer, par la voie parlementaire, le maintien de leurs droits, ils se sont inclinés devant le vote des magnats.

Les principaux paragraphes sont relatifs à l'intervention du clergé dans les élections, il y est dit que toute personne revêtue d'une dignité ecclésiastique n'a pas le droit de chercher à exercer son influence sur les électeurs réunis, soit dans un monument réservé aux cérémonies du culte, soit même dans tout autre local, du moment où les assistants qui s'y trouveraient réunis le seraient dans un but religieux. De plus, il est interdit d'employer « les objets servant au culte » dans les réunions électorales, ou de s'en servir pour exercer une pression sur les électeurs ; de même, il est défendu à celui qui en a la garde de les laisser employer par d'autres personnes. Le contrevenant est passible d'une peine pouvant s'élever à une année de prison, d'une amende de 1.000 couronnes et de la suspension de ses droits politiques. C'est pendant la période électorale qu'est surtout applicable la loi votée, le gouvernement espère, par cette loi, éviter toute pression électorale et assurer aux électeurs une indépendance absolue.

Population de la Hongrie.

La superficie de la Hongrie est de 324.851 kilomètres carrés.

La population du royaume de Hongrie est de 19.254.559 habitants (1), se répartissant ainsi qu'il suit, quant à la religion :

Catholiques romains	9.919.913
— grecs	1.854.143
Grecs orientaux	2.815.713
Calvinistes	2.441.142
Luthériens	1.288.942
Unitaires	68.568
Israélites	851.378
Divers	14.760

(1) Les statistiques employées sont celles que fournit l'*Annuaire statistique hongrois*, publié en 1903, par le Ministre des Cultes et de l'Instruction publique ; il donne le résultat du recensement de 1900.

La proportion des différentes religions, par rapport à la population totale, est actuellement de :

Catholiques romains...........	51.5 %
— grecs....	9.6 %
Grecs orientaux...............	14.6 %
Calvinistes...................	12.7 %
Luthériens...................	6.7 %
Unitaires	0.4 %
Israélites...................	4.4 %
Divers	0.1 %

Trente ans auparavant, en 1869, elle était de :

Catholiques romains...........	48.7 %
— grecs..............	10.3 %
Grecs orientaux...............	16.7 %
Calvinistes...................	13.1 %
Luthériens...................	7.2 %
Unitaires...................	0.4 %
Israélites.................;...	3.6 %
Divers.....................	0.0 %

La population de la ville de Budapest se compose de :

Catholiques romains	435.596	soit	60.8 %
— grecs.............	5.562	—	0.8 %
Grecs orientaux	3.312	—	0.5 %
Calvinistes..................	64.842	—	9.- %
Luthériens..................	37.692	—	5.3 %
Unitaires	1.040	—	0.1 %
Israélites	167.974	—	23.4 %
Divers.....................	458	—	0.1 %
Ensemble........	716.476 hab.		100.- %

Ces chiffres sont ceux de l'année 1901, depuis lors, la population de la capitale a considérablement augmenté, elle est maintenant de 836.000 habitants.

Organisation du clergé.

Aux termes de la Constitution de saint Etienne, le roi de Hongrie doit être catholique romain, il est sacré par l'archevêque d'Esztergom, primat de Hongrie, la reine est couronnée par l'évêque de Veszprém (1).

Les droits religieux du roi de Hongrie forment une partie importante de l'organisation ecclésiastique du pays. L'exercice de ces droits n'exclut pas le concours complémentaire d'un délégué apostolique. Le cardinal primat, archevêque d'Esztergom, est *legatus natus* du Saint-Siége, il est membre de la Chambre Haute ; il jouit du droit de préséance sur tous les autres dignitaires. Le Saint-Siége a un représentant pour l'Autriche et la Hongrie, c'est le nonce résidant à Vienne.

Le siége de l'Eglise magyare est à Esztergom, endroit choisi par saint Etienne lui-même, pour devenir la métropole religieuse du royaume qu'il fondait. C'est là que résident les vingt-quatre chanoines qui forment le chapitre et dirigent chacun un département particulier de l'administration ecclésiastique.

Aux termes de la Constitution stéphanique, le roi est « protecteur » de l'Eglise de Hongrie ; le plus jeune évêque du royaume doit porter devant lui la double croix apostolique. Il peut fonder des évêchés, des archevêchés, des chapitres, des abbayes ; il peut en transférer le siége, les transformer, les réunir, les supprimer. Il nomme les archevêques et les évêques et peut leur accorder la jouissance effective des revenus ; il nomme également les évêques auxiliaires, les chanoines honoraires et prébendés ; exceptionnellement, il confère le

---

(1) Lors du couronnement du roi François-Joseph, en 1867, après le Compromis, la sainte Couronne fut posée sur la tête du roi par le primat, Jean Simor, et par le président du Conseil des Ministres, le comte Jules Andrássy.

droit de patronage, juge en matière de collation et jouit
du droit de dévolution.

Possédant un droit de contrôle suprême, le roi sur-
veille les dotations ecclésiastiques et scolaires, il a le
droit de reprendre les bénéfices concédés, exposés à la
ruine, il peut autoriser l'aliénation et l'hypothèque des
biens de l'Eglise, il administre les revenus des évêchés
vacants. Les titres des églises et des abbayes détruites
par les Tartares et par les Ottomans ont été conservés,
le roi peut les attribuer à des membres du clergé régulier ou séculier qui, en vertu de ces titres, portent la
mitre, la croix pectorale et l'anneau. Ces nominations
ne sont pas soumises à Rome tandis que la nomination
des évêques titulaires ou diocésains est soumise à l'appro-
bation du Saint-Siège qui les préconise.

Le prince-primat est le chef de l'Eglise magyare, il
peut convoquer le synode national qu'il préside (1), il
possède des droits de juridiction, on peut en appeler à
lui des jugements rendus par les autres archevêques,
excepté celui de Kalocsa ; il a le droit de visite sur tous
les évêchés, les abbayes, les couvents, etc., excepté
cependant l'abbaye des Bénédictins de Pannonhalma.
L'abbé mitré de Pannonhalma occupe dans la hiérarchie
épiscopale une place à part, c'est une sorte de *Praelatus
nullius*, revêtu d'un pouvoir épiscopal particulier ; il
traite directement avec le Saint-Siège ; il est membre
de la Chambre Haute. Les droits de l'archiabbé de
Pannonhalma remontent à la fondation même de
l'abbaye et furent accordés par le roi saint Etienne à
Astrik (2).

(1) Des synodes nationaux ont eu lieu en Hongrie, dès le règne de
Kálmán, 1114, à Esztergom ; le cardinal Pázmány en convoqua en
1630 et en 1633 ; il y en eut encore en 1648 et en 1682. Le dernier fut
réuni par le primat Rudnay, en 1822, car on ne peut compter celui
de 1848 qu'avait convoqué François Nádasdy, archevêque de Kalocsa,
mais qui ne put se réunir à cause des événements qui survinrent.

(2) Le document relatif à la fondation a donné lieu à d'intéres-
santes études ; les Bénédictins de Hongrie publient, en ce moment,

Les prêtres ont le devoir de mentionner, à la messe, le nom du roi apostolique hongrois « couronné », après ceux du Pape et de l'évêque diocésain.

Les archevêques, les évêques diocésains, les évêques de Nándorfejérvár et de Tinin, le Supérieur des Bénédictins, le doyen des Prémontrés, le prieur de Vrana, le patriarche serbe et les évêques grecs orientaux font partie de la Chambre Haute.

.

Chaque archevêché et chaque évêché possède un chapitre ayant, dans certaines questions, un droit de contrôle, dans d'autres, un droit de participation. Le chapitre possède les privilèges déterminés par le droit canon, et, comme institution privilégiée, il jouit de l'autonomie et de la libre disposition de ses biens.

Pour devenir chanoine, il faut, suivant une antique coutume, que le prêtre se soit distingué durant dix années au moins, soit dans le ministère pastoral, soit comme professeur dans un établissement d'enseignement. De plus, il doit connaître la langue hongroise et le droit national.

Le roi François Ier a créé, en 1807, six nouveaux canonicats à Nagy-Várad, ce qui porte le nombre des chanoines du chapitre à seize ; six stalles sont réservées à des écrivains qui peuvent être choisis parmi les chanoines des autres diocèses ; les revenus de chaque chanoine varient, entre 12 et 14.000 couronnes, suivant ce que rapportent les biens domaniaux.

Les archevêques et les évêques sont aidés dans leurs fonctions par des évêques auxiliaires ; parmi ces derniers, il faut distinguer ceux que le roi nomme d'après

une histoire de leur Ordre, en Hongrie ; quelques volumes ont déjà paru, ils permettent de juger de l'importance qu'aura cette œuvre quand elle sera terminée.

les diocèses qui appartenaient autrefois à la couronne, seuls les évêques auxiliaires de Nándorfojérvár et de Tinin sont consacrés, les autres demeurent prêtres officiants, avec le titre d'évêque.

Le doyen, choisi parmi les membres du chapitre, est chargé de veiller à l'accomplissement du service pastoral qui est dévolu aux curés, aidés des vicaires. Le doyen préside une assemblée convoquée deux fois par an et composée de tous les prêtres appartenant au diocèse ; ces assemblées ont pour but d'entretenir des rapports réguliers entre les doyens et les prêtres.

Les cures sont soumises au *droit de patronage ;* ce droit est exercé, soit par un magnat, soit par le *fonds de religion,* par un chapitre ou par la ville. Quand une cure devient vacante, l'évêque ouvre un concours entre les prêtres du diocèse et il examine les candidats au point de vue canonique, s'il ne relève en eux aucun obstacle à l'exercice du ministère paroissial, il les présente au *patron* qui en choisit un que l'évêque nomme alors curé. Ce procédé donne lieu à des incidents fort particuliers, tantôt c'est le conseil municipal d'une ville, composé en majorité de protestants et d'israélites, qui donne aux catholiques un curé de son choix, dans d'autres cas, quand un magnat vend son domaine, le droit de patronage y restant inhérent, le nouveau propriétaire, protestant ou israélite, choisit le curé qu'il impose aux habitants de la paroisse.

.

A la fin de l'année 1903, on comptait, en Hongrie, 6.633 prêtres, 2.200 religieux et 5.112 religieuses. L'Eglise de Hongrie est divisée ainsi qu'il suit :

		Ordres religieux.	Curés, chapelains, religieux, autres prêtres.	Paroisses.
Archevêché d'Esztergom.	Archevêché d'Esztergom..	27	1.512	478
	Evêché de Beszterczebánya	3	193	111
	— Györ..........	15	507	239
	— Nyitra....	4	265	148
	— Pécs..........	8	359	165
	— Szekesfehérvár.	8	193	93
	— Szombathely...	11	348	186
	— Vácz..........	7	362	133
	— Veszprém......	12	495	226
Archevêché d'Eger.	Archevêché d'Eger.......	7	416	200
	Evêché de Kassa........	11	369	197
	— Rozsnyó.......	5	198	99
	— Szatmár......	6	226	94
	— Szepes........	5	288	164
Archevêché de Kalocsa.	Archevêché de Kalocsa...	7	369	122
	Evêché de Csanád.......	8	469	235
	— Gyulafehérvár.	8	568	225
	— Nagyvárad....	9	207	72
	Archiabbaye de Pannonhalma...............	4	247	15
Archevêché de Zágráb.	Archevêché de Zágráb....	8	677	348
	Evêché de Diakovár......	6	215	93
	— Zeng-Modrus..	3	295	134

Dépendant de l'évêché de
Pécs (1).............. 1 20 13

Dépendant de l'archevêché
de Zágráb........... 3 35 22

L'archevêché d'Esztergom a trois vicariats fixes, à Esztergom, à Nagy-Szombat et à Budapest.

Un certain nombre de paroisses sont administrées par des prêtres appartenant à des Ordres religieux.

* *

Les aumôniers militaires sont placés en dehors des cadres du clergé séculier ; ils ont pour chef un *vicaire apostolique du camp* qui a le titre d'évêque, mais n'en exerce les droits et les prérogatives que sur l'armée ; il est nommé par le roi, et il tient de Rome des privilèges étendus en matière de juridiction pénitentielle.

Les aumôniers sont nommés par le ministre de la guerre. Les chefs-lieux des districts d'aumôneries militaires sont Buda, Kassa, Nagy-Szeben, Pétervárad, Presbourg, Temesvár, Zágráb, ils ont à leur tête un *curé-aumônier* qui a sous ses ordres les aumôniers catholiques romains ainsi que les aumôniers catholiques grecs et les grecs orientaux, chargés de toutes les fonctions sacerdotales dans les casernes, hôpitaux, camps, etc.

En cas de guerre, un *curé-aumônier* est nommé *supérieur du camp*, des chapelains et des aumôniers sont attachés aux troupes et aux hôpitaux. L'aumônier peut dire deux messes par jour, en plein air, sans autel consacré.

Les aumôniers sont choisis parmi les membres du clergé séculier ou régulier ; dès qu'ils résignent leurs

(1) L'évêché de Pécs a sous sa juridiction quelques églises situées sur le territoire de la Croatie ; de même, l'archevêché de Zágráb a quelques églises situées sur le diocèse de Pécs.

fonctions dans l'armée, ils retombent sous la juridiction de leurs supérieurs respectifs.

Les protestants ont à Buda un *pasteur-aumônier ;* en cas de guerre, chaque corps d'armée a un aumônier. Les Israélites ont un *rabbin-aumônier ;* en temps de paix, c'est le rabbin ordinaire qui remplit les fonctions d'aumônier auprès des militaires israélites.

Biens du Clergé.

Il existe en Hongrie, pour l'Eglise, non pas un trésor de guerre, mais le *fonds de religion* que créa Ferdinand III, en 1647, en y consacrant 6.000 florins à prendre annuellement sur les revenus du trésor ; cette somme n'était destinée qu'à des besoins religieux du culte catholique romain ; Charles III, en 1733, porta ce revenu à 16.000 florins. Par la dispersion des religieux et la confiscation de leurs biens, en 1786, le *fonds de religion* acquit un capital d'environ 45 millions de florins.

Le *fonds d'enseignement* fut formé des biens meubles et immeubles des Jésuites, résidant dans la monarchie, dissous en 1782 ; il représente aujourd'hui plus de 6 millions de florins.

Ces deux *fonds* appartiennent à l'Eglise catholique qui en dispose par l'intermédiaire de l'Assemblée des évêques et d'une commission nommée par le ministre des Cultes et de l'Instruction publique. Le *fonds de religion* est destiné au service divin, à la construction des églises, à l'entretien des séminaires et autres besoins de l'Eglise ; le *fonds d'enseignement* est destiné à l'instruction publique.

En Hongrie, les évêques tirent leurs plus grandes ressources des biens immobiliers, provenant de dons royaux, donations, héritages, etc., les chapitres possèdent des biens immobiliers et des capitaux auxquels s'ajoutent les fondations de messes, le casuel, etc., et, en cas de besoin, des revenus du *fonds de religion,* sur lesquels on a fixé maintenant, à la somme de 1.600 couronnes, le traitement annuel des prêtres, ce qui représente la *congrua.* On ne peut créer un nouvel emploi ecclésiastique que lorsque les ressources nécessaires sont assurées. Les efforts tendent à égaliser le traitement des membres du bas clergé, aussi bien dans l'Eglise catholique que dans toutes les autres confessions.

Les membres du clergé entrent en possession des biens dès leur nomination, ils en ont la complète jouissance, mais ne peuvent les aliéner ni prendre des dispositions dont leurs successeurs auraient à supporter les conséquences. Les revenus ne doivent être employés que pour les besoins réels de la religion, le surplus doit être consacré à des œuvres pieuses.

D'après un règlement remontant au cardinal Kollonics, les prélats ne peuvent disposer, sans autorisation du roi, que du tiers de leur fortune acquise, un tiers revient à l'Eglise, un tiers au fisc.

Au cas où un prélat meurt *intestat,* ses biens sont partagés en trois parties égales destinées, à la famille du défunt, à l'Eglise, aux pauvres. Cette disposition s'étend également aux autres prêtres ; mais si la famille du prêtre est pauvre, le tiers destiné aux indigents lui revient ; s'il n'y a pas de famille, le tiers qui eût dû lui revenir est remis au fisc.

Le *fonds de religion* et le *fonds d'enseignement* étaient administrés autrefois par la chancellerie royale, à l'aide d'une commission, composée de prélats et de magnats catholiques ; depuis l'institution d'un ministère hongrois responsable, c'est le ministre des Cultes et de l'Instruction publique qui gère ces biens importants et il propose au roi les nominations d'évêques, de chanoines prébendés, de certains prieurs, etc., il soumet aussi les décisions à prendre dans les questions nombreuses et complexes que comporte cette administration, intéressant à la fois l'Eglise, l'enseignement et toutes leurs ramifications.

L'*autonomie*, que le clergé demande depuis longtemps, aurait pour but de mettre fin à cet état de choses ; elle assurerait à l'Eglise la libre disposition de ses biens, la présentation pour les nominations épiscopales, la direction des écoles, sous le contrôle de l'Etat. Une première assemblée pour l'organisation de l'*autonomie* eut lieu en 1870, mais le ministre ne soumit pas ses travaux au roi. Sur les instances réitérées des catholiques, et sur le désir du roi, une nouvelle assemblée fut convoquée en 1897. Un conseil de vingt-sept membres fut formé et il nomma une sous-commission, composée de neuf membres (trois ecclésiastiques, six laïques), elle fut investie des pouvoirs nécessaires pour rechercher les éléments et les bases d'un nouveau projet. En 1901, le conseil présenta un projet, l'année suivante, l'assemblée l'étudia, prit note des réserves qu'avait faites le conseil et fit savoir au gouvernement que ce projet n'était pas satisfaisant. Une nouvelle commission fut nommée, le gouvernement promit d'étudier l'organisation qu'elle proposait, mais depuis lors, rien d'important ne s'est produit au sujet de l'*autonomie*.

Pour que cette question soit réglée dans le véritable intérêt de l'Eglise catholique, il faut qu'avec le droit de patronage conservé intact, les régles de l'*autonomie* s'adaptent à la hiérarchie immuable de l'Eglise, c'est pourquoi l'Assemblée des évêques doit les faire connaître au Congrès chargé de régler cette importante question de l'*autonomie*.

Les biens ecclésiastiques, de toutes les confessions, couvrent une superficie de 1.363.253 hectares.

L'Eglise catholique romaine possède 987.079 hectares, soit 72.40 % se répartissant ainsi :

à l'épiscopat.......	402.587	hectares.
aux chapitres......	280.031	—
aux abbayes..	80.258	—
aux couvents......	78.470	—
aux communautés..	50.212	—
aux presbytères....	72.317	—
aux écoles.........	23.204	—

L'Eglise grecque unie possède 172.329 hectares, soit 12.64 % se répartissant ainsi :

à l'épiscopat........	85.723	hectares.
aux chapitres.	5.108	—
aux communautés...	47.784	—
aux prêtres........	19.147	—
aux écoles.........	10.049	—

L'Eglise grecque orthodoxe possède 60.032 hectares ainsi répartis :

à l'épiscopat........	7.507	hectares.
aux prêtres.........	20.354	—
aux communautés...	27.038	—
aux écoles.........	5.133	—

Droit des Villes.

Les villes possèdent, au point de vue religieux, une assez grande indépendance. En vertu de son droit de *patronage (jus patronatus universale)*, le roi était primitivement *patron* de toutes les églises ; par la formation des domaines, le droit de patronage des églises moins importantes passa aux possesseurs de ces domaines, de même que les villes obtinrent, par un privilège du roi, le droit de patronage sur les églises urbaines ; l'octroi du libre choix des pasteurs est un des points immuables des lettres patentes des villes.

Le droit de patronage des villes est un trait particu-

lier au droit hongrois qui ne se retrouve pas dans la
législation des autres pays. Il est resté une partie inté-
grante des libertés des villes, chaque ville libre royale
possède le droit de patronage, quelques villes possèdent
des droits plus étendus. Certaines paroisses urbaines
sont dispensées de la juridiction de l'archidiacre et relèvent de l'évêché, directement. La tendance des villes
vers l'indépendance religieuse fut telle que dans certaines villes qui n'ont pas d'évêché, les paroisses ne
dépendent pas du diocèse, mais se rattachent au
métropolitain, c'est ainsi que Buda et Pest dépendirent,
au point de vue religieux, de l'archevêché d'Esztergom
et qu'encore aujourd'hui Budapest est soumis à la juridiction de l'archevêque d'Esztergom.

L'Eglise en Transylvanie.

Il faut mentionner une disposition spéciale à l'Eglise
catholique en Transylvanie qui jouit là d'une certaine
autonomie. Une assemblée générale exerçant le pouvoir délibératif et un conseil directorial exerçant le
pouvoir administratif traitent des affaires relatives à
l'Eglise, aux fondations et aux écoles. Les membres de
l'assemblée et du conseil sont choisis parmi les ecclésiastiques et les laïques ; les diocèses sont représentés
par des envoyés ecclésiastiques et laïques, les écoles,
par leurs directeurs, l'administration, les villes royales
libres, les villes ayant un conseil sont représentées par
des délégués spéciaux, les grands propriétaires et les
bienfaiteurs ont voix délibératives.

Dans les paroisses, cette autonomie s'affirme par le
conseil de fabrique et les conseils ecclésiastiques et scolaires.

C'est à l'époque de la Réforme que remonte cette
organisation, quand, par suite des persécutions qu'ils
subissaient, les catholiques furent obligés de s'occuper
eux-mêmes de leurs intérêts religieux.

On contestait à Mgr Majláth, le titre d'*évêque de Transylvanie*, les confessions dissidentes y voyaient une atteinte portée aux titres de leurs prélats, ils voulaient que la dénomination de l'évêque fut : *episcopus romano-catholicus Transsilvaniensis*. Des recherches furent faites dans les Archives et il a été établi, par des textes authentiques, que l'évêque catholique a bien le droit de s'intituler simplement *évêque de Transylvanie*.

Protestantisme.

L'histoire du protestantisme, en Hongrie, peut se diviser en quatre parties (1).

La première commence avec l'introduction même des doctrines de Luther et s'étend jusqu'à la paix de Vienne, c'est-à-dire de 1517 à 1606. Elle comprend la propagation des idées de la Réforme, le développement des doctrines luthériennes, que viennent combattre celles de Calvin, la scission entre les différentes sectes et enfin les luttes se terminant par la reconnaissance de droits assez importants, victoire dont les protestants usent alors sans ménagements.

La seconde période s'étend jusqu'à la paix de Szatmár, de 1606 à 1711 ; c'est la lutte pour le maintien des droits obtenus, la lutte aussi contre l'influence des Jésuites qui, par les écrits et par la parole, combattent les protestants ; néanmoins, ces derniers savent se faire reconnaître des droits et des privilèges.

La troisième période s'étend jusqu'à la Diète de 1791, les protestants la considèrent comme une période d'oppression ; cependant ils conservent les privilèges qu'ils avaient acquis et gardent, dans l'enseignement, une certaine autonomie, malgré les lois restrictives qui atteignent les catholiques.

---

(1) Voir *Le Christianisme en Hongrie.* (Collection *Science et Religion.*)

La quatrième période, partant de 1791, s'étend jusqu'à nos jours ; les protestants ont conservé leurs anciennes libertés auxquelles, en vertu des principes d'égalité, d'autres s'ajoutent chaque jour, et l'Eglise réformée se développe.

Ce fut sous le règne de Léopold II, en 1791, que les protestants se firent confirmer les droits et les privilèges qu'ils s'étaient fait accorder au xviie siècle et qui leur assuraient l'autonomie ; la même année, les calvinistes et les luthériens obtinrent l'autorisation de tenir un synode : les premiers, à Buda, et les seconds, à Pest ; de longues délibérations eurent lieu, des projets de rapprochement furent élaborés, mais échouèrent. Pendant le règne de Ferdinand V, l'influence des protestants s'accrut, et à la Diète de 1848, ils se firent reconnaître de nouveaux privilèges, mais les événements de 1849 ne permirent pas d'appliquer les nouvelles lois. Le régime absolutiste n'épargna pas les protestants et quelques pasteurs passèrent plusieurs années en prison. En 1859, le gouvernement publia un rescrit par lequel une nouvelle organisation était donnée aux deux confessions protestantes, placées dorénavant sous la direction d'un conseil siégeant à Vienne. Le baron Nicolas Vay, Kálmán Tisza, le comte Melchior Lónyay, O. Máday, E. Zsedényi, etc., etc., protestèrent énergiquement, car les réformés tenaient beaucoup à conserver leur autonomie, et ils parvenaient, l'année suivante, à faire retirer le rescrit impérial. Le Compromis de 1867, en rétablissant l'ordre, ouvrit l'ère des réformes.

En 1881-82, les calvinistes tinrent un synode à Debreczen, et les luthériens, en 1891, à Budapest ; dans ces deux assemblées furent jetées les bases d'une organisation générale de l'Eglise réformée, relative aux districts religieux, à la juridiction, à l'instruction, etc.

Les lois de 1894 réglèrent la question des mariages mixtes.

Trois évêques luthériens et trois évêques calvinistes

font partie de la Chambre Haute, de même, le surintendant général des unitaires.

Par la loi de 1894, la *Congrua* fixait le traitement annuel des pasteurs protestants à 1.200 couronnes ; peu après, il a été porté à 1.600 couronnes.

Les calvinistes ont divisé leur territoire religieux en 5 districts, ayant chacun à leur tête un évêque réformé et un président séculier ; le pouvoir est exercé par un convent composé des évêques, des présidents de districts et de quelques délégués.

Les 5 districts sont :

	Diocèses	Eglises	Pasteurs, adjoints
District du Danube...........	7	263	299
— au delà du Danube.	9	286	303
— en deçà de la Tisza.	8	354	369
— au delà — .	13	574	661
— de Transylvanie ...	19	534	513

Les luthériens ont 5 districts :

	Diocèses	Eglises	Pasteurs, adjoints
District en deçà du Danube.	9	164	172
— au delà — .	10	157	169
— des villes minières..	9	153	182
— de la Tisza.........	11	172	175
— de Transylvanie....	10	250	364

Les biens appartenant aux protestants se répartissent ainsi :

Les calvinistes possèdent 81.280 hectares, dont 51.223 hectares aux communautés, 18.275 hectares, aux pasteurs et 11.782 aux écoles.

Les luthériens possèdent 40.441 hectares, dont 34.566 hectares reviennent aux pasteurs et 5.875 hectares aux écoles.

Les unitaires possèdent 6.648 hectares.

Les protestants consacrent annuellement environ 6 millions de couronnes aux écoles et aux œuvres de culture intellectuelle. Récemment, ils ont créé des missionnaires pour sauvegarder et répandre leur religion à l'intérieur du pays ; ils sont secondés par les diaconesses qui ont deux maisons, l'une à Presbourg, l'autre à Budapest.

Les protestants qui avaient déjà une *Société de Luther*, une *Association Gustave-Adolphe*, ont fondé ensuite une *Société littéraire protestante*. Outre les livres destinés aux écoles, ils publient de nombreux ouvrages de propagande. Ils ont de bons historiens qui ont consacré leurs efforts à faire connaître l'histoire de la Réforme en Hongrie ; parmi eux, il faut citer Michel Zsilinszky qui a publié quatre volumes sur les délibérations relatives aux questions religieuses dans les Diètes hongroises ; le baron Béla Radvánszky a publié un important ouvrage sur la vie de famille en Hongrie aux XVIe et XVIIe siècles, K. de Thaly, l'historien de l'époque rákócziste.

Eglise grecque-unie.

L'Eglise grecque existait, en Hongrie, avant l'Eglise romaine ; ses disciples étaient peu nombreux. Au XVIIe siècle, les Serbes se réunirent à l'Eglise romaine par l'intermédiaire du moine Simon Vratanja et de l'évêque de Zágráb, Dimitrovics ; le Pape Paul V nomma Vratanja premier évêque des catholiques orientaux Serbes, Marie-Thérèse créa à la place de ce vicariat, dépendant de Zágráb, l'évêché catholique-grec de Körös. Léopold Ier avait créé, pour les schismatiques habitant entre le Danube et la Drave, l'évêché catholique-grec de Szerém.

Les Russes et les Ruthènes, établis au pied des Karpathes, se rapprochèrent de l'Eglise romaine en

1649, sur l'invitation de George Jakusics, archevêque d'Eger. Ils posèrent les conditions suivantes : 1° le rite de l'Eglise d'Orient leur serait assuré ; 2° ils éliraient librement les évêques ; 3° les privilèges du clergé catholique romain leur seraient accordés. Le pape ratifia l'acte d'union et nomma Parthénius évêque. En 1816, on fonda pour eux l'évêché catholique-grec d'Eperjes, que Pie VII sanctionna en 1818.

En Transylvanie, les Valaques dissidents, restés fidèles à la liturgie slave, se soumirent à Rome, au synode de Gyulafehérvár, en 1697. Charles III fonda pour eux l'évêché de Fogaros que le Pape sanctionna en 1721. La Diète de Transylvanie ne reconnut cette union qu'en 1744.

Le Pape Pie IX créa, en 1853, les évêchés grecs-unis de Szamos-Ujvár et de Lugos et en fit, avec l'évêché grec-uni de Nagy-Várad, fondé par Marie-Thérèse, les suffragants de l'archevêché de Gyula-Fehérvár.

	Paroisses.	Ordres religieux.	Prêtres, chapelains, etc.
Archevêché d'Esztergom.			
Evêché d'Eperjes	189	1	240
— de Munkács	387	1	482
Archevêché de Gyulafehérvár.			
Archevêché de Gyulafehérvár.	702	1	686
Evêché de Lugos	163	—	174
— Nagy-Várad	166	—	198
— Szamos-Ujvár	490	1	512
Evêché de Körös	24	—	35

En 1898, les catholiques grecs, ruthènes, ont demandé au Saint-Siège l'autorisation de se servir de la langue hongroise dans la liturgie ; en 1900, un pèlerinage de 500 personnes s'est rendu à Rome pour plaider la cause de la liturgie magyare, il y avait non seulement les Ruthènes des deux évêchés, mais aussi bon nombre de Roumains. La question n'a pas été résolue.

Eglise grecque non-unie.

Les Eglises orientales, non unies, possédaient avant leur *réception* une organisation sacerdotale.

A plusieurs reprises, des Serbes orientaux allèrent se fixer en Hongrie, ainsi en 1507, en 1538 ; plus tard, le patriarche d'Ipek, pressé par les Turcs, se rendit à l'appel de Léopold Ier et se fixa en Hongrie avec 38.000 familles serbes. Une proclamation leur assura, en 1690, le libre exercice du culte, ils furent autorisés à se servir de leur calendrier, à choisir leur patriarche qui sacre les évêques et ordonne les prêtres. Ils purent convoquer un synode national pour élire le métropolitain siégeant à Karlocza.

Ces privilèges furent confirmés, d'autres y furent ajoutés. Marie-Thérèse créa la *Députation illyrienne de la Cour* qui publia le *Regulamentum constitutionis nationis illyricae,* modifié plus tard.

En 1791, le droit de propriété et la capacité administrative furent reconnus aux Grecs orientaux, ainsi que le libre exercice de leur culte. Une loi de 1792 conféra à leurs archevêques et à leurs évêques le droit de siéger à la Chambre Haute. Les lois de 1848 et de 1868 règlent les rapports de l'Eglise grecque non-unie avec les autres Eglises *reconnues*.

L'Eglise grecque orientale comprend :

L'archevêché du rite serbe de Karlocza avec les évêchés de Bács, de Buda, de Temesvár et de Versecz ; l'archevêché du rite roumain de Nagy-Szeben, avec les évêchés d'Arad et de Karánsebes ; et en Croatie-Slavonie, l'archevêché de Karlócza avec les évêchés de Károlyváros

et de Pakrácz ; ces différents diocèses comprennent
3.123 paroisses et succursales, 8 Ordres avec 154 religieux et environ 3.080 popes, chapelains, séminaristes, etc.

Religion Israélite.

A l'époque romaine, les Israélites étaient établis en
Pannonie, et au moment où les Hongrois y arrivèrent,
ils les trouvèrent fixés en différents endroits, ce que
prouveraient certaines dénominations (Zsidópatak, Zsi-
dóvár, Zsidótábor, etc.) et aussi le fait que, pendant les
deux premiers siècles qui suivirent leur arrivée en
Pannonie, les Hongrois vécurent en bon termes avec les
Israélites qui possédaient des droits étendus ; les
mariages mixtes étaient même assez fréquents, l'Église
catholique les interdit et saint Ladislas prit des mesures
contre les Israélites ; le synode de 1092 décida que les
Israélites ayant des chrétiennes comme épouses devaient
leur rendre la liberté.

Le roi Kálmán protégea les Israélites contre les Croisés
qui, en traversant le pays pour se rendre en Terre-
Sainte, les massacraient ; sous son règne, ils pouvaient
faire cultiver, par des païens, les terres qu'ils avaient
le droit de posséder, mais ils ne pouvaient habiter que
dans les villes épiscopales ; outre le commerce, qui se
faisait surtout avec la Germanie, et l'agriculture, ils
pratiquaient les prêts d'argent que Kálmán réglementa
par des lois particulières. Sous André II, leur puissance
et leur influence augmentèrent, il y avait alors un comte
camérier israélite ; mais le roi, par l'article XXIV de la
Bulle d'Or, interdit « aux juifs et aux ismaélites » les hauts
emplois dans les finances du royaume ; pendant quelque
temps, cette loi ne fut pas appliquée, mais en 1233, le roi
s'engagea, par serment, à ne les laisser accéder à aucune
haute fonction dans l'État ; de cette époque date aussi le
rescrit les obligeant à porter des vêtements ou des

signes particuliers les distinguant des chrétiens, à ne plus habiter les mêmes endroits que les chrétiens, etc. Dans les quartiers spéciaux qu'ils habitèrent alors, ils eurent un juge particulier, *Judex Judaeorum*, qui siégeait, à date fixe, devant la Synagogue pour rendre la justice suivant leurs lois et coutumes.

Après l'invasion mongole, Béla IV, pour repeupler le pays dévasté, accorda, en 1251, quelques privilèges aux Israélites, comme l'avaient fait Frédéric II, en Autriche, et Ottokar II, en Bohême ; ils restèrent en vigueur jusqu'à la bataille de Mohács. Malgré l'opposition du Saint-Siège, Béla IV se montra tolérant, sous son règne, on trouve encore un Israélite, Henukat, comte-camérier. Les souverains, succédant aux rois de la maison d'Arpád, se montrèrent moins favorables aux Israélites. Louis le Grand, en 1360, voulut les bannir du pays, mais cinq ans plus tard, il était obligé de rapporter son édit ; il leur imposa diverses conditions au sujet du paiement des impôts, cependant il leur accorda quelques libertés.

Sous Sigismond, on accusa, pour la première fois, les Israélites de sacrifier des chrétiens ; sous Ulászló II, en 1494, un Israélite accusé de ce crime fut exécuté. Cependant le souverain avait accordé quelques privilèges qui les placèrent sous la protection de la couronne pour les défendre contre l'arbitraire et la force.

Le roi Mátyás établit la *préfecture juive* qui existait encore après Mohács, le titulaire de cet emploi fut longtemps choisi parmi les membres de la famille Mendel, de Buda ; ses fonctions consistaient à représenter les Israélites, à soumettre leurs plaintes aux autorités, à demander des exonérations d'impôts, etc., etc.

Après le désastre de Mohács, survinrent les épreuves ; en 1526, Szápolya voulut chasser les Israélites de Székesfehérvár, mais son rescrit ne fut pas exécuté ; néanmoins il y eut, dans différentes villes, des persécutions et des révoltes. Pendant l'occupation ottomane, ils vécurent en bonne intelligence avec les Turcs, faisant du commerce et des prêts d'argent.

La Diète de 1578 décréta que les Israélites et les anabaptistes, alors peu nombreux, qui possédaient une maison, émigreraient ou paieraient un double impôt.

En Transylvanie, le sort des Israélites était fort supportable, Bocskai, Gabriel Bethlen, George Rákóczy I, avaient des médecins juifs, et ils laissèrent les Israélites s'établir dans le pays, en fixant leurs résidences, mais en leur accordant aussi quelques priviléges et en les autorisant à faire venir de l'argent de l'étranger. La Diète de 1627 confirma les priviléges accordés par Gabriel Bethlen.

Lorsque l'occupation ottomane eut cessé, le cardinal Kollonics prit, contre les Israélites, des mesures qui eussent pu, peu à peu, leur rendre le séjour impossible en Hongrie ; il ne leur fut plus permis d'habiter dans les « villes libres », et les « villes miniéres » ne les supportérent qu'à quelques lieues de la ville, l'industrie leur fut interdite, mais on leur laissa le commerce de l'alcool. Plus tard, Charles III créa l'emploi de grand-rabbin, 1716 ; sa mission consistait surtout à régler les différends qui s'élevaient entre les Israélites. Marie-Thérèse les soumit à un nouvel impôt, nommé *taxe de tolérance* qui ne fut supprimé qu'en 1846. Sous Joseph II, leur sort fut amélioré, les « villes libres » leur furent ouvertes, ils furent autorisés à s'occuper de négoce, et ils furent soumis au service militaire. La Diète de 1790-1791 confirma les droits accordés par Joseph II, le peuple se montra irrité de ces concessions et de nouveau, les accusations de sacrifices reparurent. La Diète avait même nommé une commission chargée de s'occuper de la question israélite, elle proposa quelques améliorations à leur sort, le temps manqua pour les mettre en pratique.

La Diète qui se réunit en 1839-1840, voulut s'occuper de la « réception » de la religion israélite, ses bonnes dispositions échouèrent. Un peu plus tard, se développa parmi les Israélites un mouvement de magyarisation auquel les événements de 1848 donnèrent une vive impulsion ; des associations furent fondées pour le développement de ce sentiment, et pendant la guerre de l'Indépendance, les Israélites combattirent pour la liberté. Leur patriotisme excita la colère du général Haynau qui leur imposa une lourde contribution de guerre. Le roi François-Joseph leur fit remise de cette contribution, mais décida que les sommes recueillies seraient versées au « fonds des écoles », elle sert maintenant à l'entretien des écoles rabbiniques.

Ce fut en 1867 que « l'émancipation » des Israélites fut accordée. La « réception » de la religion juive fut présentée à la Chambre en 1894, deux fois elle fut repoussée par la Chambre Haute qui enfin l'accepta en octobre 1895, le roi l'approuva la même année.

Les Israélites possèdent des orphelinats, de nombreuses œuvres d'assistance, de bienfaisance, richement dotés, ils ont des sociétés littéraires et des établissements d'instruction. Ils comptent quelques écrivains et occupent, dans la presse, une place relativement importante.

Enseignement.

Dès la fondation du royaume de saint Etienne, l'enseignement se trouva entre les mains de l'Eglise ; en Hongrie, comme du reste dans les autres pays, les prêtres, au moyen âge, étaient les seuls dépositaires de la science.

L'histoire de l'école magyare commence avec l'établissement même du christianisme en Hongrie, quand les Bénédictins adjoignirent une école à leur monastère de Pannonhalma. De même qu'il avait repoussé l'influence allemande pour l'organisation politique de son royaume, de même saint Etienne n'y recourut pas pour l'enseignement, qui fut donné par les moines du Mont Cassin et qui peut-être subit l'influence française, car le premier roi magyar fut en rapport avec le Supérieur de Cluny ; l'évêque de Chartres, Fulbert, fut également en rapport avec l'évêque de Pécs qui lui avait demandé des livres.

Bientôt les moines français se rendirent en Hongrie. Saint Ladislas avait fondé (1091) le monastère de Saint-Gilles, à Somogyvár ; il le destinait aux Bénédictins, mais il le voulait indépendant de Pannonhalma. Il le mit « pour des temps éternels » sous la juridiction de l'abbaye de Saint-Gilles, située sur les bords du Rhône, près de Nîmes. L'abbé de Saint-Gilles, Odilon, accompagné de plusieurs moines, se rendit en Hongrie, il eut plusieurs conférences avec le roi Ladislas qui lui promit que l'abbé et les novices seraient toujours des Français ; cette règle fut suivie tant que dura le monastère qui disparut vraisemblablement pendant l'occupation ottomane.

Plus tard, ce furent les Cisterciens qui portèrent en Hongrie l'influence de la France ; ils étaient arrivés pendant le règne de Geiza II, mais son successeur, Béla III, les accueillit avec plus d'empressement encore et leur assura de nombreux privilèges qui lui valurent la visite de l'abbé de Cîteaux. Ce fut à cette époque que le monastère de Pilis fut fondé pour les Cisterciens venant du diocèse de Besançon. André II demanda des religieux à Clairvaux.

Les moines qui résidaient en Hongrie venaient quelquefois en France pour suivre les cours de l'Université de Paris, ils y retrouvaient les membres de la *Société du Christ*, fondée à Esztergom, pour l'instruction des jeunes clercs et qui envoyait ses membres aux Universités de Paris et de Bologne. Quelques ecclésiastiques, qui devinrent plus tard évêques, avaient fait des études en France.

L'Ordre des Prémontrés ne tarda pas non plus à

envoyer des religieux en Hongrie, ils s'y établirent au commencement du xii⁰ siècle et fondèrent plusieurs abbayes, qui, comme celles des Cisterciens, se développèrent et prospérèrent.

Une Université fut fondée à Veszprém, par Béla III ; elle était organisée sur le modèle de l'Université de Paris, elle fut détruite par un incendie, vers 1276. Près d'un siècle s'écoula avant la création d'un nouvel établissement d'enseignement supérieur, ce fut l'Université de Pécs, fondée par Louis le Grand, en 1369 ; il en demanda la reconnaissance à Urbain V qui le fit par une bulle datée d'Avignon. Cependant, par crainte de l'hérésie, il n'accordait pas à cette faculté le droit d'enseigner la théologie.

Une Université fut fondée par Sigismond, à Buda, vers 1390, elle envoya des délégués au concile de Constance.

Màtyàs fonda à Presbourg, 1467, l'*Academia Istropolitana* qui eut des privilèges analogues à ceux de l'Université de Bologne. On y aurait enseigné, bien avant Galilée, la rotation de la terre.

Pour hâter le développement du christianisme en Hongrie, on avait d'abord enseigné en hongrois, mais peu à peu l'enseignement se donna en latin ; c'était, vers le xiv⁰ siècle, un principe admis dans les Etats où l'enseignement universitaire, facilité par cette communauté de langues, attirait un grand nombre d'étudiants.

Le désastre de Mohács et l'invasion ottomane amenèrent une grande perturbation dans la vie intellectuelle de la nation, les églises étaient confisquées, les écoles fermées, et l'instruction se trouva absolument négligée ; on fut obligé, dans plusieurs synodes, d'ordonner aux prêtres de posséder quelques connaissances élémentaires. Cette décadence favorisa le développement de la Réforme, ses partisans fondèrent des écoles, et ils y introduisirent beaucoup d'éléments étrangers. Mais les catholiques surent réagir ; eux aussi fondèrent des écoles et quand le primat Nicolas Oláh eut appelé les Jésuites en Hongrie, l'enseignement prit un nouvel essor ; leur premier établissement de Nagy-Szombat ne resta pas longtemps le seul et pendant tout le xvii° siècle, ils furent, en quelque sorte, les maîtres de l'enseignement ; entre eux et les protestants s'établit une émulation que l'on pourrait taxer de rivalité si elle n'avait eu pour conséquence de féconds résultats.

Les Jésuites avaient adopté la *Ratio studiorum*, et les doctrines de saint Thomas d'Aquin réglaient leurs principes philosophiques et théologiques ; les protestants différaient complètement, quant à la conception scientifique, ils laissaient à tous une grande indépendance, ce qui ne fut pas sans importance au point de vue du développement de leurs principes.

Les dissensions religieuses devinrent plus aiguës et firent cesser le développement pacifique de l'enseignement, le pouvoir exerça une pression en faveur du parti le plus fort et, de même que vers la fin du xvi° siècle, les Jésuites durent quitter la Transylvanie, de même, un siècle plus tard, les protestants virent leurs droits restreints et ils ne purent établir des écoles confessionnelles que dans les endroits indiqués.

Ce fut au cours du xvi° siècle que l'Etat commença à se rendre compte des droits et des devoirs qui lui incombaient, au point de vue de la culture intellectuelle de la nation. Les premières dispositions législatives datent de cette époque, ce sont des requêtes au roi ou des sommations aux évêques d'employer les biens des couvents et des églises supprimés à ouvrir des écoles. Au xviii° siècle, on définit les droits de la couronne dans l'administration du *fonds de religion* et dans l'établissement des écoles. Les dispositions prises à cette époque montrent que l'Etat cherchait à limiter et à contrôler l'enseignement confessionnel.

Ce fut Marie-Thérèse qui, par le rescrit *Ratio educa-*

tionis (1) marqua le moment où l'Etat s'occupa sérieusement d'enseignement public, il ne le fit d'abord que sur le terrain administratif. Marie-Thérèse voulait réformer, dans son ensemble, d'une façon uniforme, le système d'instruction de la Hongrie, pour l'adapter aux exigences de l'Etat, en même temps qu'à ses convictions religieuses personnelles. Le règlement donné par la reine partait des écoles primaires pour arriver aux Universités, en passant par les gymnases. Il s'occupait aussi de la formation du corps enseignant, de son traitement, de ses retraites, etc., etc. Il organisait l'enseignement suivant les nécessités des différentes classes sociales et, influencé par les tendances encyclopédiques du XVIIIe siècle, il faisait une large place aux sciences. La *Ratio educationis* devait expressément s'étendre aux écoles protestantes, mais ces dernières invoquèrent l'autonomie de leur confession et refusèrent de se soumettre à ce rescrit qui n'émanait pas du pouvoir législatif.

Marie-Thérèse transféra à Buda l'Université fondée à Nagy-Szombat par le cardinal Pázmány, elle y adjoignit une Faculté de médecine, elle fonda à Selmeczbánya l'*Académie des Mines*. L'enseignement public trouvait des ressources dans le *fonds de religion*, formé des biens confisqués aux Jésuites (1773), c'est aujourd'hui encore une des parties importantes des ressources de l'enseignement public en Hongrie.

Joseph II, malgré son *Edit de tolérance*, qui voulait être libéral envers toutes les confessions, suscita de nombreux mécontentements, car il ne visait à rien moins qu'à rendre l'Etat maître absolu de l'enseignement ; de plus, il voulait que la langue allemande

---

(1) Le titre complet est : *Ratio educationis publicae totiusque Rei Litterariae per Regnum Hungariae et provincias eidem adnexas.*
La réforme la plus importante de l'enseignement est due à Marie-Thérèse. Entourée des conseillers Van Swieten, Martini, Rautenstrauch, elle créa l'enseignement public, distribué par l'Etat ; la *Ratio educationis* fut élaborée par Terztyánszky et Urmenyi.

devînt obligatoire dans toutes les écoles hongroises, cette dernière prescription se heurta à une opposition invincible de la part de toute la nation.

Une réaction s'ensuivit et le mouvement intellectuel prit une nouvelle direction, il devint national, on cultiva la langue magyare, quoique le latin restât, encore longtemps, la langue de l'enseignement ; la littérature prit son essor et l'on créa des sociétés littéraires.

En 1806, le Parlement chargea une commission d'élaborer un programme d'enseignement ; il eut pour base la *Ratio educationis* de Marie-Thérèse, mais il était plus clair, plus simple, et tenait compte du progrès des idées. Il s'occupait aussi de l'enseignement des jeunes filles. Les protestants ne voulurent pas en reconnaître le caractère obligatoire, cependant ils l'adoptèrent en partie.

Ce fut en 1844 que le hongrois fut reconnu comme langue d'enseignement pour l'enseignement secondaire. Les lois libérales projetées pour l'instruction publique par le Parlement de 1848 ne furent pas réalisées, par suite des événements tragiques qui se déroulèrent. Tant que dura le gouvernement absolu, les règlements autrichiens furent appliqués en Hongrie, et si la nation put maintenir son esprit national, ce fut grâce à son patriotisme et aussi à la littérature, fort développée à cette époque.

En 1868, le baron J. Eötvös, ministre des Cultes et de l'Instruction publique, fit voter une loi rendant l'enseignement primaire obligatoire pour tous les enfants ; le Parlement hongrois vota une loi reconnaissant l'égalité des nationalités et des confessions, en matière d'enseignement ; il accorda à l'Eglise grecque orthodoxe une large autonomie, au point de vue confessionnel et scolaire.

En 1883, une loi traça la limite, souvent contestée jusqu'alors, du droit de surveillance de l'Etat sur les écoles confessionnelles, confia à l'Etat le soin de préparer les professeurs et admit les écoles confessionnelles à recevoir des subventions de l'Etat.

Le nombre des établissements d'enseignement croît chaque année, et le mouvement qui se produit dans la culture intellectuelle de la nation tend à reconnaître la mission nationale de l'école. L'Etat a besoin non seulement de bons établissements d'enseignement, mais leur liberté et leur émulation lui sont également nécessaires, il faut que toutes les forces intellectuelles du pays puissent arriver à leur épanouissement et servir la cause de la nation. Malgré son libéralisme et sa tolérance, l'Etat cherche à introduire dans l'enseignement ses idées et ses traditions, il désire qu'à tous les degrés l'enseignement soit pénétré de la doctrine que c'est l'Etat qui relie entre eux les divers éléments de la société, distincts par la race, par l'origine ou par la religion, pour les confondre en une nation forte et unie.

M. J. de Wlassics, qui fut pendant de longues années ministre des Cultes et de l'Instruction publique, fit dans l'enseignement de nombreuses réformes aussi opportunes que libérales.

Pour prendre l'enseignement à sa base même, il faut rappeler que la première école maternelle fut fondée en 1828, par la comtesse de Brunswick. Le gouvernement s'occupe avec sollicitude de l'enseignement des tout petits (1). L'Etat, les communes, les communautés religieuses, les sociétés, les associations sont autorisés à créer et à entretenir des écoles maternelles, seuls les

______

(1) L'éducation morale et religieuse occupe une grande place dans les écoles maternelles. La classe doit toujours commencer et se terminer par une prière, exprimée en termes simples pour « rendre grâces à Dieu des bienfaits qu'il accorde aux hommes » ; elle doit être conçue de façon à pouvoir être dite par tous les enfants à quelque culte qu'ils appartiennent ; dans les institutions confessionnelles, elle est remplacée par une prière liturgique. Dans les contes, les fables, les exercices de mémoire, on doit profiter de toutes les occasions pour éveiller et développer les sentiments de morale et de religion.

particuliers sont tenus à demander une autorisation.

Dans le courant de l'année 1903, il y avait, en Hongrie, 249.331 enfants en âge de fréquenter les écoles maternelles qui étaient au nombre de 2.768, tant écoles qu'asiles permanents et asiles d'été ; dans ce nombre 193 établissements appartiennent aux catholiques romains.

L'enseignement primaire est obligatoire pour les enfants de 6 à 12 ans (1) ; les communes sont obligées de créer des écoles, là où il y a trente enfants soumis à l'obligation scolaire (2).

La législation de 1848 avait ordonné que l'entretien des écoles des diverses confessions serait supporté par l'Etat, c'eût été la laïcisation de l'enseignement, mais presque toutes les écoles appartenaient à des confessions *reconnues* et l'on dut respecter leurs droits historiques ; on laissa subsister l'école confessionnelle et l'on créa l'école publique ; les Eglises ont le droit de prélever un impôt sur leurs ressortissants pour l'entretien des écoles primaires. L'uniformité de l'enseignement est assurée par les conditions que l'Etat impose à tous ceux, Eglises, associations, particuliers, qui veulent ouvrir une école.

L'enseignement de la religion incombe aux diverses confessions, ce sont elles qui fixent la matière de l'enseignement et sa répartition dans les différentes classes des écoles. Dans l'enseignement de l'histoire, on cherche,

____

(1) Les enfants qui quittent l'école à 12 ans, sont obligés de suivre les cours du soir jusqu'à l'âge de 15 ans.

La loi ne prescrit pas expressément la séparation des filles et des garçons pour l'enseignement primaire, et en réalité, 84 °/. de ces établissements reçoivent les élèves des deux sexes.

(2) Chaque commune est obligée de pourvoir à l'instruction des enfants habitant les fermes dépendant de son territoire, ces fermes réparties dans la pouszta sont souvent fort éloignées les unes des autres ; quand la commune ne peut pas créer des écoles spéciales, elle doit employer des « instituteurs ambulants » qui donnent successivement l'instruction dans les fermes disséminées.

en formant le cœur et l'intelligence de l'élève, à développer ses sentiments patriotiques.

Il y avait, en 1903, en Hongrie, 18.783 écoles primaires dont le personnel enseignant était de 32.762 personnes pour 2.495.319 élèves ; le nombre des enfants
soumis à l'obligation scolaire était de 3.032.356, mais
tous ne fréquentaient pas les écoles.

Ces établissements se répartissent ainsi :

Etat	1.971
Communes	3.026
Catholiques romains	5.523
— grecs	2.071
Grecs orientaux	1.817
Calvinistes	2.083
Luthériens	1.403
Unitaires	38
Israélites	502
Associations	91
Ecoles privées	258

D'après la religion, les élèves se répartissent en :

Catholiques romains	1.308.582
— grecs	219.141
Grecs orientaux	259.679
Calvinistes	367.973
Luthériens	201.501
Unitaires	10.706
Israélites	127.215
Divers	522

Dans l'enseignement primaire, les catholiques ont
donné un grand développement aux écoles normales ; les
religieuses qui dirigent ces établissements se confor-
ment aux programmes des écoles normales publiques,
et les diplômes qu'elles confèrent ont la même valeur
que ceux conférés par l'Etat.

L'autonomie scolaire des protestants et des ortho-
doxes ne peut dépasser les limites tracées par les lois
du pays, régissant ces matières. La direction de l'enseignement primaire dépend du ministre des Cultes et
de l'Instruction publique qui en assure l'uniformité, au
moins dans ses grandes lignes (1).

***

L'enseignement secondaire a été réorganisé par la
loi de 1883. Autrefois, on enseignait en latin ou en
allemand ; la loi de 1868 imposa le hongrois, tout en
laissant aux établissements confessionnels la faculté de
choisir la langue de l'enseignement, ce ne fut qu'en
1883, lors de la réforme de l'enseignement que la langue hongroise devint obligatoire ; l'Etat ne peut impo-
ser ses programmes et ses méthodes qu'à certains établissements et à ceux qui sont entretenus sur le *fonds
d'enseignement*, les autres gardent leur autonomie ;
la réforme de 1883 fut acceptée par les établissements
religieux qui vivent en fort bons termes avec l'Etat ;
les protestants n'imitèrent pas les Ordres catholiques,
ils tiennent beaucoup à l'autonomie de leur enseignement. La diversité des programmes et des méthodes
n'effraie pas le gouvernement qui y voit plutôt une émulation dont il peut sortir quelque bien.

Les établissements d'enseignement secondaire peuvent être répartis en trois groupes, selon leurs rapports
avec l'Etat.

Le premier groupe comprend les *gymnases* et *écoles
réales*, entretenus par l'Etat sur le *fonds d'enseignement ;* le droit du gouvernement sur ces établissements

(1) La langue de l'enseignement est le hongrois, mais dans les
régions où domine la population slave ou roumaine, l'enseignement est
donné en slave ou en roumain ; l'Etat demande seulement que l'insti-
tuteur puisse faire un cours complémentaire de hongrois que les
élèves doivent fréquenter, surtout s'ils se préparent à suivre les cours
d'un gymnase.

est absolu, sauf qu'il ne peut y nommer que des professeurs catholiques.

Le second groupe comprend les établissements qui relèvent du ministre de l'Instruction publique et qui sont entretenus par les villes, les communes, les associations, les particuliers et aussi par les évêques, les ordres religieux, les communautés catholiques romaines et catholiques grecques. Les établissements où enseignent les religieux se répartissent ainsi : 24 aux Piaristes, 6 aux Bénédictins, 4 aux Cisterciens, 5 aux Prémontrés, 2 aux Franciscains, 1 aux Jésuites.

Le troisième groupe comprend les établissements entretenus par les communautés religieuses, ils sont absolument libres pour les questions pédagogiques, personnelles et disciplinaires, le ministre n'a qu'un droit de surveillance ; en cas de dispositions à prendre, il s'adresse à l'autorité ecclésiastique pour la prier de faire le nécessaire.

L'instruction religieuse est obligatoire (deux heures par semaine), les parents libres-penseurs doivent faire élever leurs fils jusqu'à l'âge de 18 ans dans la religion qu'ils ont choisie. Dans tous les établissements d'enseignement secondaire, les directeurs veillent à ce que tous les élèves indistinctement reçoivent l'instruction religieuse et ils s'assurent le concours de professeurs de religion appartenant aux différents cultes (1).

**

L'enseignement secondaire des jeunes filles est organisé en Hongrie ; il était donné autrefois par les religieuses et se rapprochait assez de l'enseignement primaire supérieur que l'Etat organisa en 1875. Cet enseignement eut un rapide succès et les écoles durent

---

(1) Il arrive parfois qu'un professeur n'a qu'un seul élève ; dans les établissements de jeunes filles, une surveillante assiste à la leçon donnée à une élève unique.

être multipliées; elles sont presque toutes pourvues d'un internat. Quand, en 1895, M. de Wlassics prit l'initiative d'admettre les jeunes filles aux cours de l'Université, on adjoignit aux écoles supérieures des cours d'enseignement secondaire, en attendant la création des gymnases. L' « Association nationale pour l'instruction des femmes » a fondé le premier gymnase de jeunes filles, il est subventionné par l'Etat.

Dans toutes les classes, la religion et la morale sont enseignées deux heures par semaine, de plus, il est prescrit que chaque élève assiste une fois par semaine à un service divin, célébré dans l'établissement, par les prêtres des différents cultes.

*
* *

Il y avait, en 1903, en Hongrie, 243 établissements d'enseignement secondaire, avec un personnel de 4.801 professeurs, pour 61.500 élèves.

Les élèves se répartissent ainsi :

Catholiques romains	26.628
— grecs	2.648
Grecs orientaux	2.996
Calvinistes	8.777
Luthériens	5.907
Unitaires	465
Israélites	14.079

Et proportionnellement :

Catholiques romains	43.30 %
— grecs	4.31 %
Grecs orientaux	4.87 %
Calvinistes	14.27 %
Luthériens	9.60 %
Unitaires	0.76 %
Israélites	22.89 %

*
* *

La législation de 1848 plaça l'Université sous l'autorité du ministre de l'Instruction publique et proclama la liberté de l'enseignement et de l'étude ; pendant le régime absolutiste, on restreignit les libertés accordées, cependant un peu plus tard, on rendit à l'Université le droit d'élire ~es recteurs.

En 1867, avec le rétablissement de la Constitution, une nouvelle période s'ouvrit pour l'Université.

La Hongrie possède deux Universités, une Ecole polytechnique, des Académies royales de droit, plusieurs établissements d'enseignement supérieur, une Ecole des Mines, une Ecole d'Agriculture, de nombreux séminaires.

L'Université de Budapest a quatre facultés : faculté de théologie, faculté de droit et de sciences politiques, faculté de médecine, faculté de philosophie (1).

L'Université de Kolozsvár n'a pas de faculté de théologie. Il est question de fonder une Université catholique à Pécs ou à Kassa.

*
* *

Nous nous arrêterons sur les établissements d'enseignement supérieur religieux.

La plupart des diocèses possèdent un grand séminaire (2) ; il y en a dans les archevêchés d'Esztergom, d'Eger et de Kalocsa, dans les évêchés de Beszterczebánya, de Csanád, de Györ, de Kassa, de Transylvanie, de Nagy-Várad, de Nyitra, de Pécs, de Rozsnyó, de Szatmár, de Szepes, de Székesfehérvár, de Szombathely, de

(1) Aux différentes facultés, il existe, depuis 1893, la *Promotio sub auspiciis Regis*, destinée à susciter l'émulation des étudiants ; chaque faculté désigne, à tour de rôle, deux étudiants choisis parmi les plus méritants et qui sont promus « sous les auspices du roi », en présence d'un représentant du souverain, qui remet à chacun d'eux une bague offerte par le roi.

(2) Les séminaristes portent une soutane bleu foncé.

Vácz et de Veszprém. Il n'y a pas de petits séminaires.

Quelques ordres religieux ont des écoles de théologie, tels les Bénédictins, à Pannonhalma, les Cisterciens et les Piaristes, à Budapest et à Kolozsvár, les Prémontrés, à Jászovár, les Franciscains, à Szeged, à Galgócz, à Kecskemét, à Presbourg, à Baja, à Vajda-Hunyad, à Malaczka, les Capucins, à Presbourg.

Les catholiques-grecs ont 4 écoles de théologie ; à Eperjes et à Ungvár, les cours sont faits en hongrois, à Balazsfalva et à Szamosujvár, la langue de l'enseignement est le roumain.

Le séminaire central de Budapest, annexé à la faculté de théologie de l'Université, est destiné aux séminaristes catholiques et catholiques-grecs.

.

Les grecs orientaux de la Hongrie se divisent en Serbes et en Roumains ; les premiers ont une école de théologie à Karlócza. Les Roumains ont une école de théologie à Nagy-Szeben, elle ne remonte qu'à la fin du xviiie siècle, les cours n'y étaient alors que de quelques mois, aujourd'hui les études y ont une durée de trois années. Une autre école fut fondée à Arad et plus tard, en 1865, on en créa une à Karánsebes.

.

Le premier séminaire réformé (calviniste) fut fondé en 1550, à Sárospatak, et, en 1558, on fonda, à Debreczen, une école de théologie, sur le modèle de l'Université de Wittemberg. Plus tard, il y eut des écoles à Pápa, à Gyula-Fehérvár (transférée à Nagy-Enyed), à Pest et, tout récemment, à Kolozsvár.

C'est au xviiie siècle seulement que les luthériens eurent des écoles de théologie, jusqu'alors ils faisaient leurs cours de théologie dans leurs établissements secondaires. Ils ont des écoles à Presbourg, à Eperjes, à Sopron.

A peine leurs doctrines fixées, les unitaires se hâtèrent d'établir un séminaire à Kolozsvár, mais ce ne fut qu'en 1847 qu'ils y annexèrent une école supérieure de théologie.

L'entretien des séminaires calvinistes, luthériens, unitaires, est à la charge des confessions respectives.

**

L'enseignement théologique se borna longtemps chez les Israélites aux leçons particulières données par les rabbins, ils enseignaient le Talmud et les principes du rite. Vers le milieu du siècle passé, l'école des rabbins de Presbourg fut reconnue et, en 1877, fut fondé, à Budapest, le grand séminaire israélite.

Le séminaire israélite n'est surveillé par le gouvernement qu'en ce qu'il verse les frais d'entretien, prélevés sur le *fonds scolaire israélite* et qu'il nomme les professeurs.

**

Les cours de l'enseignement supérieur ont été suivis, pendant l'année 1903, par 10.162 étudiants, non compris les étudiants des écoles supérieures de théologie, ni ceux de la faculté de théologie de Budapest ; suivant la religion, ces élèves se répartissent ainsi :

	Nombres absolus :	Proportionnels :
Catholiques romains	4.167	41.01 %
— grecs	316	3.11 %
Grecs orientaux	327	3.22 %
Calvinistes	1.518	14.94 %
Luthériens	864	8.49 %
Unitaires	79	0.78 %
Israélites	2.889	28.43 %
Divers	2	0.02 %

*
* *

Les jeunes filles ne sont admises à suivre les cours de l'Université que depuis 1895 ; leur nombre était de 10 pour la première année, il s'est élevé, en 1903, à 169.

*
* *

L'enseignement des Beaux-Arts est donné dans les écoles de peinture, les conservatoires de musique, etc. ; le nombre des élèves, pour 1903, a été de 5.236, il se répartit approximativement (1) ainsi suivant la religion :

Catholiques romains...	1.876
— grecs......	20
Grecs orientaux.......	41
Calvinistes...........	345
Luthériens...........	248
Unitaires.............	87
Israélites............	777

*
* *

Il y a de plus, pour l'enseignement religieux supérieur, deux établissements à Vienne, le *Pazmaneum*, fondé par le cardinal Pázmány, recevant 60 élèves hongrois qui y complètent leurs études théologiques ; et l'*Augustineum* recevant 30 à 40 jeunes prêtres de toute la monarchie qui préparent leur doctorat en théologie.

Il y a, à Rome, le *Collegium Germanico-Hungaricum* fondé par le pape Jules III, en 1552, et réorganisé par Grégoire XIII. En 1579, on y adjoignit les revenus de la fondation faite par saint Etienne, pour les pèlerins hongrois et l'on créa une section destinée à 12 prêtres hongrois. Les études y sont de six années.

(1) Les élèves de quelques établissements n'ont pas été relevés d'après la religion.

* *

En 1892, Mgr Fraknói, l'historien si apprécié pour ses recherches dans les Archives du Vatican, a fondé à Rome et entretient, à ses frais, un Institut destiné aux jeunes historiens hongrois ; il y a quelques années, le prélat y a joint une section pour les artistes.

Sociétés littéraires.

La *Société hongroise*, fondée par le grand séminaire, donne pour but à ses membres d'approfondir et de compléter les études universitaires et de traduire en hongrois des œuvres allemandes, françaises et anglaises. Elle publie une petite revue.

La *Société de Saint-Etienne* est, au point de vue catholique, la société littéraire la plus importante. La première idée remonte à 1842, ce fut en 1847 seulement qu'elle put être réalisée. La liberté de la presse, conquise en 1848, lui permit de prendre son essor, mais bientôt l'absolutisme remplaça la liberté, à peine entrevue. Pendant cette période d'oppression, la *Société de Saint-Etienne* ne resta pas inactive, elle entretint, par ses publications religieuses et patriotiques, l'esprit national. Plus tard, elle put se développer davantage et elle rend de véritables services, non seulement à la cause catholique, mais à la culture intellectuelle du peuple, en général. Par les petites brochures (le prix en est de 5 à 10 fillér) (1) qu'elle répand à profusion, par les livres scolaires qu'elle édite, par les romans qu'elle publie, elle donne au peuple le moyen de s'instruire et aussi de se distraire honnêtement. Elle fournit les livres d'études aux étudiants peu fortunés.

La *Société de Saint-Etienne* a créé, en 1887, une *section scientifique et littéraire* dont font partie, après élection, les principaux écrivains ; cette section fait

_____

(1) 5 à 10 centimes.

publier des ouvrages historiques fort importants. De plus la Société qui possède son imprimerie, à laquelle a été donné le nom de *Stephaneum*, publie une revue mensuelle, la *Revue catholique*, dont le directeur, le docteur A. Mihályfi, a fait l'équivalent des grandes revues françaises. Le *Stephaneum* publie en outre 4 journaux quotidiens, 11 journaux hebdomadaires, 5 journaux bi-hebdomadaires et 11 annales et bulletins mensuels.

La *Société de Saint-Thomas d'Aquin* répand le goût des études philosophiques, elle publie la *Revue philosophique*.

La *Société de Sainte-Cécile* s'occupe de la musique religieuse et cherche à faire adopter le chant grégorien. Elle publie le *Bulletin musical de l'Eglise catholique*, et a pour directeur Mgr M. Bogisics qui a publié d'intéressants travaux sur les anciens chants populaires hongrois.

La *Société Pázmány* a pour but de réunir les écrivains et les journalistes catholiques pour la propagation des idées religieuses par la littérature. Elle vient de créer une section pour la défense des intérêts des prêtres.

L'*Association de Saint-Emeric* s'occupe du développement religieux des jeunes gens.

Les *Cercles catholiques* sont assez nombreux, il y en a pour les apprentis, pour les ouvriers, d'autres pour les employés, etc. ; dans la plupart, on se préoccupe de donner aux membres, non seulement des distractions et des occasions de se réunir, mais aussi de leur assurer un concours moral et pécuniaire dans les cas de besoin. Dans les cercles de jeunes gens, on s'occupe du développement des sentiments patriotiques et religieux. Quelques-uns de ces cercles sont propriétaires des immeubles où ils résident.

Il s'est formé une *Union des Cercles catholiques* qui a pour but le développement de ces cercles, la direction à leur donner et la défense de leurs intérêts.

Littérature.

Au cours du XIXe siècle, le mouvement littéraire catholique a été assez important, surtout si l'on tient compte qu'il ne prit guère son essor qu'après le réveil national, provoqué par le grand patriote, Etienne Szechényi, le fondateur de l'Académie hongroise, 1825, et qu'il fut bientôt enrayé par la guerre pour l'Indépendance ; le régime absolutiste qui suivit ne fut guère favorable à une production littéraire intense, mais depuis lors la Hongrie a fait preuve d'une grande activité intellectuelle et elle tient, aussi bien dans la littérature que dans les sciences et dans les arts, une place fort honorable.

L'abondance des travaux littéraires nous oblige à ne nommer que les auteurs dont les ouvrages se rapportent plus spécialement à la religion catholique.

Il faut citer, dans les sciences bibliques, la traduction de la Bible par l'évêque de Pécs, *J. Szepessy*, et plus tard, celle du chanoine *B. Tárkányi* (d'après la traduction de *Káldy*) qu'approuva le Saint-Siège ; parmi les travaux herméneutiques, ceux de l'évêque de Veszprém, *J. Ranolder*, du bénédictin *S. Márkfi*, du Dr *E. Szekely*, etc.

Parmi les travaux d'apologétique, on remarque ceux du professeur *O. Prohászka* (Terre et Ciel. Sur le péché et la pénitence, Pensées, etc.), de *J. Dudek* (L'Apologie du Christianisme, l'Autonomie catholique, etc.).

Parmi les hagiographes, le Dr *E. Piszter* (Vie de saint Bernard).

Dans la littérature ascétique, la première place était occupée par le doyen *J. Nogáll* qui traduisit l'*Imitation*, puis viennent les Jésuites *M. Tóth*, *R. Rosty* (Vie des Saints), le doyen *A. Nemes*, *J. Cziklay*, le chanoine *A. Ruschek*, le prédicateur *F. Szaniszló*, *L. Szilvek*, etc.

Parmi les auteurs de livres de prières, il faut citer

Mgr J. Walter, Sujánszky, J. Hock, B. Tárkányi.
L'histoire a quelques représentants de valeur : *Mgr
G. Fraknói* (Rapports du Saint-Siège avec la Hongrie,
Pierre Pázmány, Époque de Hunyady et des Jagellons) ;
le baron *J. de Forster* (Béla III) ; *Mgr Bubics* (Histoire
et Beaux-Arts) ; *Knauz* (Histoire de l'Eglise) ; *R. Bekéfi*
(Histoire des Abbayes cisterciennes) ; *J. Karácsonyi*
(Les Nationalités magyares, Les Chartes) ; *Rajner* (Histoire des Investitures) ; *N. Szechényi* (Histoire de l'Abbaye de Jáák) ; *A. Alddsy* (Les Anabaptistes en Hongrie,
xvie et xviie siècles) ; *M. Tóth* (Les Ordres religieux en
Hongrie) ; *A. Pòr* (Les Anjous) ; *V. Bunyitay* (Evêché
de Nagy-Várad), ; *Rapaics,* etc., etc.

Les Bénédictins continuent leurs travaux : *T. Füssy*
(Histoire de l'Abbaye de Zalavár) ; *V. Récsey* (Recherches archéologiques) ; *S. Pongrácz* (Histoire de l'Ar-
chiabbaye de Pannonhalma) ; *I. Zoltvány* (Grégoire
Czuczór) ; *L. Erdelyi,* etc., etc.

Parmi les autres écrivains, il faut citer : *Mgr J. Városy*
(Histoire de l'Enseignement en Hongrie) ; le *Dr Mihá-
lyfi* (Les Universités. — Les Séminaires et leur esprit) ;
le *Dr A. Giesswein* (Questions sociales) ; *B. Platz*
(Origine de l'homme. — Voyage dans la Nature) ;
Mgr B. Mayer (Le Spiritisme. — Entretiens actuels) ;
C. Divald (Archéologie. — Beaux-Arts) ; *Mgr Fischer-
Colbrie* (Avenir du Catholicisme) ; *Margalits* (Etudes sur
la Croatie) ; *J. Káposi, J. Szentkláray, A. Notter,* etc.

D'autres auteurs se sont occupés de l'Eglise au point
de vue du Droit : *Kollányi* (Les droits de l'évêque de
Veszprém pour le couronnement. — Droit de tester du
haut clergé) ; *F. Hanuy* (Les mariages mixtes) ;
Erdujhelyi (Histoire du Notariat) ; etc.

Le cardinal Haynald s'occupa de sciences naturelles,
tandis que le cardinal Schlauch consacra sa plume à
la philosophie et au Droit. Le cardinal C. Vaszary est
un historien apprécié, et le nouveau cardinal J. Samassa
fait paraître ses travaux en latin.

En Hongrie, on publie beaucoup de traductions d'ouvrages allemands et français ; parmi les principales œuvres traduites, on peut citer celles de Bossuet, de Bougaud, celles de X. Weninger, du P. Weiss, de l'abbé de Broglie, de Mgr Dupanloup, du P. Didon, de H. Joly, de G. Goyau, de E. Horn, etc.

Les principaux traducteurs sont : *A. Ruschek, F. Acsay, E. Rada*, etc.

Sociétés de Bienfaisance.

Les œuvres de bienfaisance, les associations pieuses, sont assez nombreuses en Hongrie, nous mentionnerons quelques-unes de celles qui sont fixées à Budapest.

L'*Œuvre de l'Autel* a son siége principal au couvent des Dames Anglaises dont la Supérieure est vice-présidente de l'Œuvre. Son but est analogue à celui de l'*Œuvre des Campagnes*, en France.

La *Congrégation de Marie* a pour but de propager l'amour de la Vierge ; elle est destinée aux jeunes gens et aux hommes ; de même que les Œuvres de *Saint-Stanislas, Saint-Joseph, Saint-Emeric, Saint-Etienne, les Saints-Anges, Saint-Ladislas, Saint-Alois*, etc. Ces œuvres ont leur chapelle dans la maison du *Regnum Marianum*, les hommes seuls y sont admis.

Les Pères Jésuites dirigent une *Congrégation de Marie*, les membres, recrutés parmi la jeunesse instruite, sont choisis avec soin.

L'*Association de Sainte-Elisabeth* poursuit, par l'intermédiaire de dames charitables, le même but que les *Conférences de Saint-Vincent de Paul* par les messieurs.

Les Sœurs gardes-malades de Saint-François d'Assise ont pour mission de soigner gratuitement les malades pauvres chez eux à domicile, elles sont très aimées par la population.

L'*Association de Marie-Elisabeth* remplit la même mission que l'*Association de Sainte-Elisabeth,* ses membres visitent les pauvres, secourent les familles indigentes, et s'occupent du corps et de l'âme des enfants abandonnés.

Les *Elisabethistes* observent la règle du Tiers-Ordre de Saint François d'Assise et doivent leur nom à sainte Elisabeth de Hongrie qui la première fit partie du Tiers-Ordre. Elles hospitalisent gratuitement les vieillards.

Les religieuses du *Bon-Pasteur* essaient de sauver les âmes en perdition, elles possèdent à Budapest un couvent et un refuge.

La *Société catholique de protection des femmes* s'occupe de plusieurs œuvres, elle a deux asiles organisés sur la base de l'assistance par le travail, un patronage pour les jeunes ouvrières, un autre pour les jeunes filles qui ont besoin de compléter leur instruction pour se placer dans le commerce, une œuvre pour les ouvrières et une autre pour les domestiques.

La *Société de bienfaisance de Sainte-Elisabeth* qui se consacre à la protection des femmes.

L'*Association pour la protection des apprentis* s'occupe de développer les sentiments religieux et patriotiques chez les jeunes employés de commerce. Elle a des maisons où les jeunes gens peuvent habiter à bon compte, des salles de réunion, des bibliothèques, elle s'occupe de placer ses protégés, etc...

L'*Œuvre de Saint-François Régis* poursuit le même but que les Œuvres analogues en France.

Les *Missionnaires de Marie, de l'Ordre de Saint-François,* ont pour but principal les missions chez les classes pauvres, elles recueillent les jeunes filles et leur enseignent les travaux manuels, elles ont aussi un refuge pour les jeunes ouvrières.

La *Société de Saint-Ladislas* s'occupe, au point de vue de l'instruction et de la bienfaisance, des catholiques venus d'Orient.

Les *Conférences de Saint-Vincent de Paul* rendent de grands services aux indigents par la pratique de la véritable fraternité. La plus ancienne est celle du séminaire de Budapest, celle du IXe arrondissement ne comprend que des jeunes gens appartenant à l'Université.

Outre les hôpitaux et les orphelinats, il y a quelques Œuvres destinées aux pauvres : la *Maison de la Miséricorde*, consacrée aux incurables que soignent les Sœurs de Saint-Vincent de Paul. Le protecteur de l'Œuvre est le prince-primat, le président, le baron J. de Forster.

La *Maison Sainte-Elisabeth* qui recueille mille vieillards pauvres.

La *Maison des pauvres* destinée seulement aux vieillards de Budapest.

Un comité de dames ayant pour présidente Mme la marquise E. Pallavicini recueille à Buda les femmes âgées catholiques.

L'*Institut des Aveugles*, qui accueille les enfants sans distinction de religion, est dirigé par les Sœurs de Saint-Vincent de Paul.

Dans la plupart des hôpitaux, les soins sont donnés par des religieuses. Il y a, à Budapest, plus de six cents Filles de la Charité.

Les orphelinats et autres œuvres de bienfaisance sont entretenus par l'Etat, par les différentes confessions ou par des œuvres, ils disposent d'un budget s'élevant à plus de 16.000.000 de couronnes.

L'Etat entretient . . . . 10 orphelinats.
Les Comitats entretiennent . . . . . 6 —
Les Communes entretiennent . . . 12 —

Les orphelinats appartenant aux différentes confessions se répartissent ainsi :

Catholiques romains......	32
— grecs	3
Protestants................	9
Israélites................	7
Associations féminines	20
— diverses......	11

Il y a, de plus, 15 œuvres, asiles, maisons de charité, refuges appartenant aux différentes confessions.

La Croix-Rouge est organisée en Hongrie, sous le patronage de S. A. l'archiduchesse Clotilde ; la Société compte 50.000 membres et possède 4.000.000 de couronnes ; elle dépense annuellement 240.000 couronnes.

Divers.

Le repos du dimanche est légalement reconnu par la loi de 1891 ; les nécessités de certaines industries ont rendu de nombreuses atténuations indispensables, néanmoins les ouvriers les moins favorisés ont encore droit à un dimanche entier tous les mois, ou à deux demi-dimanches par mois. Les contraventions à la loi du repos dominical sont passibles d'amende pouvant s'élever jusqu'à 600 couronnes.

Les dimanches et le jour de la Saint-Etienne sont jours de repos reconnus par l'Etat. En outre, lorsque des services religieux ont lieu d'autres jours, il est interdit, sous peine d'une forte amende, de faire quoi que ce soit, dans les rues et sur les places environnant les édifices religieux, qui puisse troubler les cérémonies.

Les processions, bannières déployées, circulent librement dans les campagnes et dans les villes, même à Budapest, où la foule les salue respectueusement ; les plus importantes sont celles de la Résurrection, de la Fête-Dieu et de la Saint-Etienne. La première a lieu le samedi saint, à l'heure du crépuscule, et sur son passage les fenêtres sont illuminées.

La procession de la Saint-Etienne est la plus importante par la solennité que lui donne la présence des plus hauts représentants du gouvernement. La fête de saint Etienne est considérée en Hongrie comme fête nationale, dans tout le pays, des services religieux ont lieu ; à Budapest, cette solennité prend de plus grandes proportions (1). De toutes les paroisses de la ville, le

(1) La première année du régime absolutiste, il ne pouvait être question de la célébration de la fête de Saint-Etienne. Le peuple la célébra cependant ; dès la veille, les fenêtres de Pest et de Buda étaient illuminées ; les magasins avaient orné leurs vitrines d'images de saint Etienne avec l'inscription : *premier roi des Hongrois* ; la foule circulait dans les rues en chantant des airs patriotiques ; dans toutes les églises des services commémoratifs solennels eurent lieu et la

clergé, revêtu de ses plus riches ornements, conduit des processions vers l'église Notre-Dame qui se dresse sur la rive droite du Danube. Des soldats, en grande tenue, la branche de chêne au shako, forment la haie, ou plutôt une garde d'honneur à la procession qui va passer.

D'une retraite sûre, située dans la chapelle du château royal, une châsse a été retirée, elle renferme une relique précieuse pour les catholiques magyars, la *Sainte Droite*, la main du roi saint Étienne. Une messe est célébrée en présence des hauts dignitaires de l'Eglise et de l'Etat, puis le cortège se forme ; des ecclésiastiques portent la châsse, de nombreux évêques, les ministres, les généraux prennent rang dans le cortège qui parcourt le chemin du château à la cathédrale. Une messe solennelle est célébrée, souvent par le primat, le panégyrique de saint Etienne est prononcé, puis a lieu la vénération de la relique pendant que retentit le chant des vieux cantiques magyars.

L'église Notre-Dame étant, malgré ses vastes dimensions, trop petite pour contenir la foule accourue de toute part, une messe est célébrée sur la place et rien n'est plus impressionnant que le *Gloria* et le *Sanctus* chantés par le peuple, sur cette colline dont la base est baignée par les flots majestueux du Danube.

La cérémonie terminée, le cortège se remet en marche et la châsse est reportée solennellement dans la chapelle du château royal où elle est confiée à la garde de deux hauts dignitaires.

Au mois d'avril 1901, avait eu lieu dans la chapelle du château de Buda la remise de la barrette à deux cardinaux nouvellement créés, Mgr Skrbenszky, arche-

Sainte-Droite resta exposée toute la journée à la vénération des fidèles qui se pressaient à l'église Notre-Dame où avait officié le primat. Les journaux ne mentionnèrent pas la célébration de cette fête. On rechercha, mais en vain, les étudiants qui, la veille de la fête, avaient distribué, à Buda, des feuilles de papier sur lesquelles étaient ces simples mots : *Roi, saint Etienne, que votre règne arrive !*

vêque de Prague et Mgr Puzina, évêque de Cracovie ;
il faut remonter au commencement du xvie siècle pour
retrouver le souvenir d'une semblable cérémonie à Buda ;
depuis le désastre de Mohács, les cardinaux hongrois
n'avaient plus reçu la barrette en Hongrie, le cardinal-
primat Vaszary dut aller la chercher à Vienne. Aussi
le fait d'un cardinal tchèque et d'un cardinal polo-
nais se rendant à Buda pour y recevoir la barrette est-il
digne d'être signalé.

C'est en langue hongroise que les sermons sont pro-
noncés dans presque toutes les confessions, cependant
il est tenu compte des nécessités locales et il arrive que
dans un grand nombre de communes on prêche alter-
nativement en deux ou trois langues, d'autres fois,
dans une ou deux langues principales et dans une ou
deux langues accessoires ; la liste de ces langues est
assez intéressante ; elle comprend, outre le hongrois et
l'allemand, le slovaque, le roumain, le ruthène, le
croate, le serbe, le vénède, le sokácz, l'illyrien, le
bunyevácz, le bulgare, le tchèque, le grec (moderne),
l'hébreu et le krassovan.

Tous les ans, le Carême est prêché, dans une église
de Budapest, en français, par un prédicateur venant
de la France ; l'auditoire est toujours fort nombreux.

A l'occasion de la célébration du Millénaire que la
Hongrie commémora en 1896, le Saint-Père a accordé,
à l'Eglise de Hongrie, un office spécial pour célébrer la
Vierge choisie par saint Etienne même, comme *Patrona
Hungariae*. La célébration de cette fête est fixée au
deuxième dimanche d'octobre.

Les Lazaristes se sont établis en Hongrie, au cours de
l'année 1898, leur installation avait été facilitée par
l'archiduc Joseph qui vient de mourir et par l'archiduchesse Clotilde. En souvenir de leur fils Ladislas, ils

avaient fait don aux religieux de leur château de Pilis-Csaba et des domaines en dépendant. La ville de Budapest leur a également donné un terrain sur lequel ils ont fait construire une église, dont les fonds ont été fournis par une souscription publique.

En souvenir de la reine Elisabeth, une fondation a été faite à Budapest, c'est l'*Adoration perpétuelle du Saint Sacrement*. Une église a été édifiée dans ce but et on y a annexé un couvent, les moniales qui y résident sont les Religieuses de Marie-Réparatrice, venues de la France. Elles se consacrent, non seulement à l'adoration perpétuelle, mais elles organisent des retraites pour les dames et s'occupent des jeunes filles apprenties qu'elles réunissent le dimanche. Elles publient une petite revue.

Dans toutes les églises de la Hongrie, les fidèles ne paient aucune redevance pour assister aux offices, les places sont occupées par les premiers arrivants, sauf aux jours de fêtes solennelles où les premiers bancs, dont les accoudoirs ont alors été recouverts de draperies, sont réservés aux autorités civiles et militaires.

Pendant la messe, une seule quête est faite, elle a lieu de façon fort discrète, le produit en revient intégralement aux pauvres.

BIBLIOGRAPHIE

Bereczky (A.). — *A magyar protestans egyház története.* — Budapest, 1901.

Egremont. — *L'Année de l'Eglise 1898, 1899, 1900.* — Paris.

D'Fináczy (E.). — *A magyarországi Közoktatás története.* — Budapest, 1902.

Jekelfalussy (J.). — *A magyar állam.* — Budapest, 1896.

Magyarország közoktatásügye az 1903 évben. — Budapest, 1904.

TABLE

2907-05. — Impr. des Orphelins-Apprentis d'Auteuil, F. BLÉTIT.
40, rue La Fontaine, Paris.